JN101893

ブッカー・T・ワシントン
佐柳文男、佐柳光代 訳
大森一輝 解説

Up from Slavery
Booker T. Washington

奴隷より身を起して

ブッカー・T・ワシントン自伝

新教出版社

Original title:

Up from Slavery

by Booker T. Washington (1856–1915)

1901

Japanese translation by
Fumio Sayanagi, Mitsuyo Sayanagi

Appendix by
Kazuteru Omori

Shinkyo Shuppansha, Tokyo, Japan
2024

本著を
妻マーガレット・ジェイムズ・ワシントンと
兄ジョン・H・ワシントンに捧げる。

二人の忍耐心、誠実さ、熱心さが
タスキーギ学院の業務を成功に導いた。

目次

装丁　今垣知沙子

＊訳語について

著者のニュアンスを伝えるために次の訳語を使った。black および coloured people は黒人、Negro はニグロ、my race は黒人同胞。またアメリカ先住民を表す Indian も原文のままインディアンとした。

＊訳者による注は巻末に置いたが、短いものは本文中に〔　〕で示した。

前書き

本著は、『アウトルック』[1]誌に連続掲載された私の生涯の出来事を綴った文章の産物である。雑誌連載中に私は国中から、連載記事を本の形で永久に残してほしいという要求を多数受け取り、いつも驚いていた。これらの要求に答える許可をお与えくださったアウトルック社に感謝申し上げる。

私は粉飾することなく、簡素に率直に語ろうと心がけた。成し遂げたものがそれほど完全ではないのを残念に思う。私の時間と勢力の大半はタスキーギ師範・職業訓練学院の運営と資金繰りにあてられていた。ここに述べたことがらの多くは、列車の中で、ホテルで、列車を待っている駅で、または少し時間がある時にタスキーギ校で書かれたものである。マックス・ベネット・スラッシャー氏の忍耐強く寛大な助力無しには、満足のゆく仕上がりとはならなかったことだろう。

第1章　奴隷に生まれて

私はヴァージニア州フランクリン郡の農場に奴隷として生まれた。出生地や生年月日についての確かな記録はない。いずれにしても、私がどこかでいつか生まれたことは間違いない。私が知る限り、生まれた所はヘイルズ・フォード十字路の郵便局の近くだった。生まれた年は一八五八年あるいは一八五九年のことであるが、[3]月日までは分からない。今思い出すことのできる最も古い記憶は農場と奴隷の居住区である。奴隷の居住区は農場の一角にあり、そこに奴隷たちの小屋が並んでいた。

私の人生は惨めで荒んだ絶望的な環境の只中で始まった。それは私の主人一家が特別に残酷な人たちだったからというわけではない。他の多くの奴隷所有者に比べれば、私の主人はそれほど残酷ではなかった。私が生まれたのは典型的な丸太小屋で、およそ一四フィート×一六フィート〔四・二メートル×四・八メートル〕の広さだった。私はこの小屋で、母、兄一人、妹一人と一緒に南北戦争の終わるまで住んでいた。この戦争の後に、すべての奴隷は自由であると宣言された。

私の祖先についてはほとんど何も知らない。アフリカからアメリカに連れて来られた奴隷船の中での虐待については当時奴隷居住区の黒人の間で密かに語られていたし、その後にも聞く機会があった。そのような船の中に、私の母方の祖先も疑いなく含まれていたことであろう。私は私の家系について正確な情報を得ようと試みたが、母方の祖先についての情報に辿り着くことは遂にできなかった。私が覚えているところでは、母には片親が異なる兄弟と姉妹が一人ずついた。奴隷制のあった当時、家系や系図――つまり、黒人の家系のことであるが――などに注意は向けられなかった。私の母が奴隷を買いに来た人の目に留まり、その人が母と（私が生まれてからは）私の所有者になった。所有者にとって、奴隷の群に母が加わったことは新しい馬か牛が増えたのと同じ程度の事に過ぎなかった。私の父については、母について以上に何も知らない。父の名前すら分からない。父は近くの農場に住む白人であるということを聞いたことがある。彼が誰だったとしても、彼が何か私に関心を示したとか、私の養育のために何かしたなどとかは聞いたことがない。しかし、私は特に彼が悪かったとは思わない。彼は当時の私たちの国が不幸にも持っていた制度の不幸な被害者の一人に過ぎない。

小屋は私たち家族の生活空間だっただけでなく、農場全体の台所でもあった。私の母は農場全体の料理人だった。小屋にガラス窓はなかった。壁に明かり取りのために数箇所大きな穴が開いており、冬には寒くて凍り付くような風が吹き込んだ。小屋の入り口にはドア――ドアと呼ばれる板――があったが、板が小さすぎた上に大きな裂け目があり、蝶つがいがぐらついて不安定に留められていただけであった。私たちの住居は気持ちのよい部屋と言えるようなものではなかった。これらの隙間のほかに部屋の右下の隅には、「猫の穴」――南北戦争以前のヴァージニアの邸宅や小屋にはほとんどどこにでもあった――があった。「猫の穴」は七インチ×八インチ〔一一センチ×二四センチ〕くらいの四角の穴で、夜間に猫が自由に出入りできるようになっていた。私たちの小屋について言えば、この便利な仕掛けの必要性が私には分からなかった。なぜなら、猫に必要な出入り口は小屋に少なくとも六箇所はあったのだから。私たちの小屋の床は板張りではなかった。それは土がむき出しの土間だった。土間の中央にある深い大きな穴には、板の蓋がしてあった。そこに冬の間サツマイモが貯蔵された。このサツマイモ用の穴は、私の記憶にはっきりと刻まれている。というのは、イモを出し入れするときに、しばしば一つか二つ掠めて焼き芋にし、すっかりご馳走になったからである。私たちの農場には料理用のかまどはなかった。白人と奴隷たちのために母が作る料理はすべて、土間で火を起こしてなされ、たいていの場合深鍋か平鍋が使われた。粗末な部屋で冬には寒さが身に沁みたものだが、夏には料理の煮炊きから来る熱気も同様に身にこたえた。

私はその小さな小屋で幼少時代を過ごしたが、それは他の多くの奴隷の子どもたちとそんなに違うものではなかった。私の母は日中に自分の子どもの教育に注意を払う時間などもちろんなかった。仕事を始める前の早朝と仕事を終えた夜のほんのひと時を自分の子どもの世話をするためにひねり出した。一番幼い頃の記憶として、母が夜遅く鶏肉を料理し、寝ていた私たち子どもを起して食べさせてくれたことがある。母がどこでどうやってその鶏肉を手に入れたのかは分からない。しかし想像するに、母が主人の農場からせしめてきたものだろう。これは窃盗だという人があるかも知れない。今ならば私も盗みだと責めるだろう。しかしそれが起こった時代と場所を考え、その状況を考えるならば、母が窃盗の罪を犯したのだと私に確信させることができる人はいない。彼女は奴隷制度の犠牲者だったに過ぎない。奴隷解放宣言により自由を宣言される以前、私はベッドに寝た記憶はない。三人の子ども――兄のジョンと妹のアマンダと私――は土間に置かれた藁（わら）ぶとんに寝た。もっと正確に言うならば、土間の上に重ねられた汚いぼろにくるまって寝た。

最近、幼少時代に好きだったスポーツとか余暇の活動は何だったかと尋ねられた。その質問を受けて、これまで私の人生において遊びに夢中になっていた時期など全くなかったということに初めて気がついた。何か記憶が残っている頃のことを思い出してみても、私の人生のほとんど毎日が何らかの労働で占められていた。今考えると、もし何かスポーツをしていれば、もっと有益な人間になっていただろうとは思う。私が奴隷だった頃、私は何かの役に立つほど大きくはなかった。それでもほとんどの時間を外回りの掃除をしたり、畑仕事をしている人々に水を運んだり、製粉所に行ったりする仕事をしていた。製粉所には週に一度トウモロコシを挽くために行った。製粉所は農場から三マイル〔五キロ〕ほどのところにあった。この仕事は私にとってとても嫌なものだった。重たいトウモロコシの袋を馬の背の両側に平均するように振り分けて載せる。しかしほとんどの場合、途中で袋は片方に寄ってしまい、バランスを崩してずり落ちてしまうのだった。私も袋と一緒に落ちてしまうことがよくあった。私はトウモロコシの袋をもう一度馬に乗せるだけの力がなかったので、困り果てた私を誰かが通りかかって助けてくれるまで、時には何時間も待たなければならなかった。誰かがたまたま通りかかるのを待つ間、ずっと泣き続けることが多かった。そんなことで時間が経ち、製粉所に着くのは遅くなった。トウモロコシを粉に挽き、家に戻る頃には夜になってしまう。道は寂しく、深い森を通り抜けなければならなかった。私はとても怖かった。森には、陸軍の脱走兵が大勢いると聞かされていた。それに脱走兵はニグロの男の子が一人きりでいると知れば、すぐさま、耳を切り落としてしまうという話を聞いていた。それ以上に、家に帰るのが遅くなれば厳しい叱責か鞭打ちが待っていることも知っていた。

私が奴隷だった間、学校教育というものは受けなかった。しかしながら、主人の幼いお嬢さんの教科書を持たされて、学校の門まで何回か行ったことを覚えている。何十人という男の子や女の子が教室で勉強している光景は深く印象に残っている。こんな風にして学校に入学して勉強できるなら、天国に上ったような気持ちがするだろうと思った。

今思い出してみて、自分たちが奴隷だという事実、また奴隷解放が議論されているという事実などについて初めて知ったのは、ある朝早く、母がひざまずき私たち子どもの上に屈み込んで、祈りを捧げている声に目を覚まされた時だった。母はリンカンと北軍が勝利を収め、自分と子どもたちが自由になる日が来るようにと熱心に祈っていた。南部の奴隷たちが一般大衆と同様に、書籍や新聞から来る情報に全く通じていなかったにもかかわらず、当時国家を揺るがしていた大きな政治上の問題についてあれほどに正確で充分な情報を、母はどのようにして得ていたか、私には分からない。ギャリソン、(3)ラヴジョイ、(4)その他の奴隷解放論者が奴隷解放を叫び始めた頃から、南部一帯の奴隷たちはその運動の成り行きに通じていた。南北戦争の始まる前、そして戦争の期間中私はほんの子どもだったが、母や他の奴隷たちが夜遅くひそひそと幾晩も熱心に話し合っていたことを今でも覚えている。こういった話し合いをしていたことから、奴隷たちが状況を理解していたこと、また「葡萄の蔓」と呼ばれていた情報網により様々な出来事についての情報を得ていたことが分かる。

リンカンが初めて大統領に立候補した選挙戦の期間中、私たちの農場はどんな鉄道からも大都市からも遠く、新聞にも手の届かない遠隔の地にあったにもかかわらず、奴隷たちは選挙戦の争点に通じていた。南北間に戦争が始まると、争点は他にもあったが、主たるものは奴隷制度に関するものだと私たちの農場では誰でも知っていた。遠隔地の農場に住む黒人の中で最も無知な人でさえ、北軍が勝利したあかつきには、大きな戦利品として奴隷解放がもたらされることを心の底で感じ取っていたことは疑う余地もない確かなことである。北軍の勝利、また南軍の敗北のすべての動きに、熱心で張り詰めた関心が寄せられた。奴隷たちの方が白人よりも前に、各地での戦いの結果を知ることもよくあった。こういった時のニュースはたいてい、郵便物を取りに郵便局に使いに出された黒人によってもたらされた。私たちの農場の場合、郵便局は三マイル〔五キロ〕ほど離れていて、郵便物は週に一～二度届いた。郵便局に使いに出された者はそこでしばらくうろうろし、白人たちが郵便物を受け取った後に集まって最新のニュースについて話しているのを立ち聞きして最新の情報をつかむことができた。郵便物を抱えて帰ってきた者は、主人の家に届ける前に、聞いたばかりのニュースを奴隷仲間に流した。このようにして「お屋敷」と呼ばれていた主人の家にいる白人たちより、奴隷たちの方が先に重大な出来事に関しての情報を得ることになった。

私の子ども時代を通して、家族全員が一緒にテーブルにつき、食前の祈りを捧げ、マナーを守って食事をしたということは記憶に全くない。ヴァージニアの農場では、後の時代になっても、子どもたちの食事は動物に餌を与えるのと同じやり方で与えられた。一かけらのパンをここで、肉の切れ端をあちらでもらうという風だった。ある時はミルク一杯、別な時にはイモを少しといった具合である。家族の誰か一人がブリキ皿から食べ、他の者は鍋を膝の上に抱えて鍋から食べた。食物を口に入れる時はたいてい手を使うしかなかった。私は少し大きくなってから、「お屋敷」の食事時に仕事をするようになった。紙製の羽根が滑車で動く大きな扇風機を使って、ハエを食卓から追い払う仕事である。当然のことながら、白人たちの会話は戦争と奴隷解放の話題に向けられることが多かった。そこから、私は多くの情報を得た。ある時、主人の二人の幼いお嬢さんたちと客のご婦人たちが、庭でジンジャー・ケーキを食べているのを目にした。その時の私にとって、そのケーキはそれまで目にしたものの中で、一番魅惑的で欲しくてたまらないものに見えた。それでその時その場で私は固く決心した。私が自由の身になったら高い目標を目指して、この婦人たちが食べているようなジンジャー・ケーキを手に入れて食べてみせるぞと。

戦争が長引くにつれて、当然のことながら白人自身も食糧を確保するのが難しくなってきた。奴隷の方が白人よりもその困窮を感ずる度合いが少なかったと私は思う。なぜなら、奴隷の普段の食べ物はトウモロコシパンと豚肉であり、これらは農場で生産されていたからである。一方、白人が慣れ親しんでいたコーヒー、紅茶、砂糖等々のものは農場では生産されないものだった。戦争によりこれらの物を確保することが難しくなり、白人たちは大きなストレスを味わうようになった。炒ったトウモロコシがコーヒーの代わりとなり、黒い糖蜜が砂糖の代わりに使われた。多くの場合、紅茶やコーヒーに何も甘味を入れないようになった。

私が思い出すことのできる最初の靴は木製のものである。上側には粗末な皮が使われていたが、底は一インチ〔二～三センチ〕の厚さの木でできていた。歩くと物凄い音を立てた。それだけではなく、足にかかる重みを和らげるクッションがなかったので、とても履き心地の悪いものだった。これを履いているときには、とてもおかしな様子に見えたことだろう。しかしながら、奴隷少年として我慢しなければならない最も辛かったことは、麻布のシャツを着ることだった。私が住んでいたヴァージニアの地域では奴隷の衣服に麻を用いることが普通だった。奴隷用の衣服に用いられるものは大抵麻の破棄部分で、もちろん一番安くて粗い部分だった。新しい麻のシャツを最初に着る時の辛さに匹敵するものは、おそらく歯を抜くときの辛さ以外には考えられない。十本以上の栗のイガとか百本もの針が皮膚に刺さった時に感ずる痛さと同じくらいと言ってもいい。今でも、その服を着た時に味わった痛さを正確に思い出すことができる。私の皮膚は柔らかく敏感だったので、痛さはいっそうのものだった。しかし着るほかはなかった。麻のシャツを着るのが嫌なら着るものは何もなかった。もし選んでいいということだったのなら、何も着ない方を選んだことだろう。麻のシャツに関することと言えば、数歳年上の兄のジョンが私にしてくれたことは、奴隷の親族同士の間でなされた行為の中でほかに聞いたことがないほどの優しい行為だった。私が新しい麻のシャツを着なければならなかった時に、「繊維を柔らかくする」ために優しい兄は数日間そのシャツを先に着てくれた。ある程度の青年になるまで私が身につけた衣服といえばこれだけだった。

ここまで述べて来たことから、私たち黒人同胞は白人に対して恨みの感情を抱いていたと思われるかもしれない。勝利すればニグロを奴隷制度に縛りつけたままにできると、南部の大多数の白人は戦争に出かけていたのだから。私の周りにいた奴隷の場合、そのような恨みの感情はなかったし、それはニグロが寛大に扱われていたとは言い難い南部の大半の奴隷たちにも当てはまる。南北戦争中に私の主人の若い息子の一人が命を落とし、二人が重傷を負った。奴隷たちが「若旦那のビリー」の死を聞いたときに示した悲しみを思い起こす。その悲しみは見せかけではなく本物だった。ある奴隷は「若旦那のビリー」に授乳したのだし、ある者は子どものときに一緒に遊んだのだった。「若旦那のビリー」は奴隷監督や大旦那が奴隷を鞭で打つ時にはとりなしてくれた。奴隷居住区を充たした悲しみは「お屋敷」の悲しみに匹敵するものだった。二人の若旦那が重傷を負って帰ってきた時、奴隷たちはいろいろな方法で同情を表した。負傷者の家族の一員として看護をしようと心を砕いた。ある奴隷は負傷した若旦那の夜の付き添いをさせてもらう栄誉に預かりたいと申し出るほどだった。奴隷の身分である側のこのような優しさと同情心は、生来の優しく寛容な心に根ざしていた。白人の男たちが戦争に行っている間、農場に残された婦人たちや子どもたちを危険から守り保護するためには、奴隷たちは命さえも投げ出したであろう。男たちが留守の間「お屋敷」で就寝する者に選ばれることは栄誉と見なされた。夜間「若いお嬢さん」や「奥方」を襲おうとする者は、死を覚悟している奴隷に立ち向かわなければならなかったことだろう。どれくらい多くの人がこれまでに気づいているかは知らないが、奴隷制度が行われていた頃であろうと解放後であろうと、私の黒人同胞がそのような特別な信頼を裏切ったケースはほとんどないという事実が、いずれ明らかにされる日があるだろう。

戦前戦中を通して、私たち黒人同胞が白人に対して恨みの感情を抱いたということは、基本的になかった。それればかりか、戦後なんらかの理由で没落し自活できなくなったかつての大旦那や奥方を親切に世話したニグロの例が多くある。何年にもわたって、かつての奴隷がかつての主人の苦境を助けようと金銭を献げた例を、私はいくつか知っている。それ以外にも、かつての主人の子どもたちの教育を援助していた黒人がいたことも私は知っている。また私が知っている他のケースでは、かつての農場主の息子でまだ若かった白人の例がある。彼は酒飲みだったため金銭に窮乏し理性も失い、哀れむべき状態になった。それにもかかわらず、農場の黒人たちは自らも貧困に耐えながら、長年にわたってこの白人青年の生活の面倒を見続けた。わずかずつであるがある者はコーヒーや砂糖を、ある者は肉を届けるという風だった。「若旦那のトム」のために、黒人たちが持っている品々を惜しむことはなかった。以前の「若旦那のトム」を直接、間接に知っている黒人が農場に残っている限りは、彼らが若旦那の苦しむのを見過ごしにすることはなかっただろう。

私たち黒人同胞が特別な信頼関係を裏切るケースはほとんどなかったと私は述べた。このことを明らかにする良い例がある。少し前にオハイオ州で出会った元奴隷のケースである。この男は奴隷解放宣言の二〜三年前、彼の所有者と契約を結んだ。それは、一年にしかじかの身請け金を自分のために払い自分自身を身請けするという契約だった。その身請け金を得るために働いたのだが、彼は働く場所も雇い主も自分で決めることが許されていた。オハイオ州では高い賃金が得られることを知って、彼はそこに行った。奴隷が解放されたとき、彼にはまだ三百ドルほどの身請け金の負債が残っていた。奴隷解放宣言により、彼は主人に対する義務から解放されたにもかかわらず、この黒人はヴァージニア州に住んでいたかつての主人のところまでほとんどの道のりを歩いて行き、利子もつけて残りの金額を主人に手渡した。このことを私に話してくれた男は、負債を支払う必要がないことを知っていたという。しかし主人と契約の言葉を交わした以上、彼はそれを守ったのだという。自分の約束を果たすまでは、自由を心から喜べないと感じたという。

ここに述べたことから、解放を望まない奴隷もいたのではないかと考える人がいるかもしれない。それは真実ではない。解放されることを望まなかった人や奴隷に戻りたいと望んでいる人に私は出会ったことがない。

奴隷制度という網に不幸にもからみつかれている国家や組織はどんなものであれ、私は心の底から同情する。私の同胞を奴隷にしていた南部の白人たちに対して恨みの心を私が抱かなくなって久しい。私たちの国の一部の人々だけがこの制度に対して全ての責任を負っているのではなかった。この制度はわが国の政府が長年にわたって認め、保護してきたものだった。国家の経済的・社会的生活がいったん奴隷制度の味をしめてしまうと、国がこの制度を清算するのは簡単なことではなくなった。私たちが偏見や人種間の対立感情を乗り越え、事実を見つめるとき認めざるを得ないことがある。それは、奴隷制度のうちに存在する残酷さと道徳的悪にもかかわらず、この国に今生きる一千万のニグロと既にこの世を去った私たちの祖先は、アメリカ奴隷制度という学校を通り抜けてきて、地球の他の地に住む黒人たちよりも、物質的にも、知的にも、道徳的にも、宗教的にもずっと力強く希望の持てる状況にあるという事実である。それは何世代にもわたって奴隷制度という学校に学んだこの国のニグロの多くが、父祖の国に残る同胞を啓蒙しようとアフリカに宣教師として戻って行くことからも言えることである。こう言うのは奴隷制度を正当化するためではない。それどころか、アメリカはこの制度を利己的で経済的な理由で定めたのであって、宣教の動機があったわけでもない。制度として私はこれを糾弾する。しかし、事実に目を向けるべきこと、神が御心を達成するために人々とその制度をしばしばお用いになることを示したかったのである。時には希望もなく惨めな状況の中で、この国の黒人同胞の未来についてこれほどまでに私が確信を持てるのはどうしてかと最近聞かれるが、荒野をさまよった私たち同胞がそこから抜け出るのを、善を許らい給う摂理の神が導いてくださったことを思い出してもらうことにしている。

私たちの上に冷酷な不条理が降りかかったにもかかわらず、奴隷制度は黒人と同じように白人にとっても悪いものだったと、私は自分自身で物事を考えることのできる年齢になってから思うようになった。この制度が及ぼした悪い影響は決して黒人だけが受けたのではなかった。

このことは私がいた農場の生活でよく説明できる。奴隷制度全体は原則的に労働というものを下等なもの、卑しむべきものと見ることとの上に築かれている。つまり労働は奴隷農場にいる二つの人種の双方が逃れたいと思うものとなっていた。奴隷制度は白人から自立および自助の精神を大きく奪うものだった。私の主人には多くの息子や娘がいた。しかし私が知る限り、その中の一人として何か生産的な職業あるいは技術を身につけたものはいなかった。娘たちは料理も裁縫も家政についても何も教えられなかった。それらすべてのことは奴隷に任されていた。奴隷の側では農場に個人的関心は何も持っていなかったし、無知だったため物事をより良くきちんと行う方法を学ぶことはなかった。その結果、柵は壊れたまま、戸は蝶つがいが壊れてぶらさがったままになり、ドアはきしみ、窓ガラスは落ち、壁土が剥がれ落ちても修理されることはなかったし、敷地には雑草が伸び放題になっていた。基本的には、白人にも黒人にも食べ物はあった。しかし家の中にも、食卓の上にも、家庭を世界中で一番住み安く、居心地の良い、魅力的な場所にするための細やかで洗練された気遣いが欠けていた。その上、食べ物や物品が浪費されるのも悲しいことだった。解放が宣言されると奴隷たちは読み書きの技能などは持っていなかったが、技術の持ち主だったから、多くの場合新しい生活によく適合していった。奴隷所有者やその息子たちは何も技術を身につけていなかった。彼らは無意識のうちに肉体労働は自分たちに相応しいものではないと思っていた。それに比して、奴隷たちは多くの場合手仕事の技術を身につけていたし、労働を恥としなかった。労働を厭いはしなかった。

遂に戦争が終り、解放の日がきた。私たち農場にいたすべての者にとって、それは画期的な日、一大事が起こった日である。解放は予期されてはいた。解放の機運は何か月も前からあった。脱走兵が帰宅する姿が毎日見かけられた。兵役を解かれた者や、休暇を与えられた者がひっきりなしに私たちの農場の近くを通った。「葡萄の蔓」による情報が昼夜問わずに絶えずもたらされた。大きな出来事についてのニュースやひそひそ話しが速やかに農場から農場へと伝わった。「ヤンキー」〔北軍兵士〕の侵略に備えて、銀食器や高価なものは「お屋敷」から持ち出され、森に埋められたり、信頼のおける奴隷に託されたりした。埋められた宝物を盗もうとするものに災いあれ。奴隷たちは食物、飲み物、衣服、その他何であれヤンキーの兵士たちに与えることがあっても、自分たちの責任と信頼に託されたものを売り渡すことは決してなかった。そのすばらしい日が近づくにつれ、奴隷居住区ではいつもよりもっと多くの歌声が聞かれた。歌声は大胆に響き渡り、夜遅くまで続いた。農場で歌われた歌の多くは解放を歌うものだった。それまでも同じ歌を歌ってはいた。しかし「自由」とはあの世のものであり、この世の生活とは関係がないと用心深く説明がつけられていた。次第にその仮面が剥ぎ取られ、歌にある「自由」とはこの世でのこの肉体の解放であると、恐れずに高らかに歌われ始めた。その一大事が起こる日の前日に、次の日の朝「お屋敷」で何か特別なことが行なわれると奴隷居住区に伝えられた。その夜眠る者はほとんどなかった。誰もが興奮し、期待に溢れていた。次の日の朝早く、すべての奴隷、老いも若きもお屋敷に集まるようにとの伝令があった。私も、母と兄と妹、その他多くの奴隷と共に主人の家に行った。主人の家族全員がこれから起こることを見、話されることを聞こうと家のベランダに集まり、ある者は立ち、ある者は座っていた。その顔には深い関心の気持ちとおそらくは悲しみの気持ちが表れていたが、恨みの感情は見られなかった。彼らが与えた印象を今思い起こすと、その時主人たちは所有物を失うことについて悲しんでいたのではなく、これまで面倒を見、いろいろな意味で非常に親密な関係にあった者たちと別れることを悲しんでいるように見えた。この時の情景で今でもはっきりと思い出すことのできることは、ある見知らぬ人（多分、合衆国の役人）が短く話した後に、比較的長い書類——奴隷解放宣言だと私は思うが——を読み上げたことである。読み終わると、私たちは全員自由であり、いつどこへ行くのも私たちの好きにしてよいと告げられた。私の側にいた母は喜びの涙を頬に流しながら、屈み込んで私たち子どもにキスをした。私たちにすべてのことを説明してくれ、この日のことをこれまで長い間祈ってきたこと、この日を目にするまで生きることができないかもしれないと心配していたと話してくれた。

しばらくの間、大きな喜びと感謝の興奮が渦巻いた。しかし恨みの感情はなかった。実際、奴隷たちは元の主人たちを気の毒に思った。解放された黒人たちの熱狂的な喜びは長くは続かなかった。皆が小屋に戻る頃にはその喜びの感情は異なったものに変わっていたのに私は気づいた。解放に伴って自分自身を管理し、子どもたちについても考え、計画を立てなければいけないという大きな責任が心を占めてきたようだった。それは一〇歳か一二歳にもならない子どもをいきなり世の中に放り出し自活せよと言うようなものだった。二〜三時間経つと、何世紀もの間アングロサクソン族が解決のために格闘してきた難題が、奴隷たちにのしかかってきた。住む家、生活の糧、子どもの養育と教育、市民権、教会の設立と維持などの問題が押し寄せて来た。熱狂的な喜びは静まり、何時間も経たない内に暗い陰鬱な気分が奴隷居住区を支配するようになったとしても何の不思議もない。ある者にとっては、実際に自由を手に入れた今、自由は期待していたものと違いもっと深刻な事態に思えた。奴隷の中には七〇歳、八〇歳の者もいた。彼らの壮年期は過ぎていた。もし別の場所に新しく住む所を見つけたとしても、彼らには見知らぬ場所、見知らぬ人々の間で生活の糧を得る力は残っていなかった。これらの人々にとって問題は特に深刻だった。その上、彼らの心の奥底には、「大旦那」と「奥方」、そしてその子どもたちに対する不可思議で特別な結びつきの感情があり、それを払拭することは難しいことに思えた。ある者たちは主人一家と半世紀近くも共に過ごしたのであり、別れを考えることは軽い問題ではなかった。年老いた者は次第に一人ずつ、初めは隠れるようにして、奴隷居住区から「お屋敷」にとぼとぼと戻って行き、これからの生活について元の主人とひそひそ話しを始めた。

第2章　少年時代

解放の後、私たち居住区に住む者のほとんど全員が二つの同じことを考えた。これは南部全体に共通して一般的に当てはまった。第一に名前を変えなければならないということ、第二に解放されたことを実感するために、少なくとも数日間ないし数週間はこれまで住んでいた農場から離れなければならないということだった。

黒人の間では元の所有者の姓を名乗ることは面白くないという感情がもっぱらで、他の姓を名乗った者が多かった。それが自由を実感するための最初の一歩だった。奴隷だった時には、単に「ジョン」とか「スーザン」とか呼ばれていたものだ。姓をつけて呼ばれることはほとんど無かった。もし「ジョン」や「スーザン」が「ハッチャー」という白人に所有されていれば、「ジョン・ハッチャー」と呼ばれることも時にはあったが、「ハッチャーのジョン」と呼ばれることが多かった。しかし「ジョン・ハッチャー」、または「ハッチャーのジョン」などは解放された人に相応しい名ではないという感情があった。そんな訳で、多くの場合、「ジョン・ハッチャー」は「ジョン・S・リンカン」とか「ジョン・S・シャーマン」などに変えられた。真ん中のSは何らかの名前の頭文字ではなかった。単に黒人が誇りを持って自分の「称号」の一部としたものだった。

先に述べたように、大多数の黒人は短期間ではあっても元の農場を出た。そこを離れることが可能であるかどうかを試し、解放の気分はどの様なものかを確かめようとした。少しの間離れた後、特に年老いた奴隷の多くは古巣に戻り、屋敷に残った元の所有者と何らかの契約を交わした。

兄と私の継父にあたる母の夫は、母とは別の所有者の下にいた。事実、母の夫は私たちの農場に来ることは稀だった。おそらく一年に一度くらい、クリスマスの頃に彼が来たことを覚えている。彼は戦争中にうまく北軍について逃げ、新しくできたウエストヴァージニア州に向かった。解放宣言が出されると、彼はただちに母をウエストヴァージニアのカナワ・ヴァレーに呼び寄せた。当時はヴァージニアから山々を越えてウエストヴァージニアへ行く道程は長く、道すがら多くの困難を伴うものだった。わずかな衣類と家財道具を荷車に載せ、子どもたちは数百マイル〔数百キロ〕もある道程のほとんどを歩いた。

私たちは三人とも自分たちの農場から遠くに行ったことはなかったので、他州への長旅は一大事だった。元の所有者と農場の仲間たちとの別れは重大なことだった。別れてからも所有者や仲間たちが死ぬまで、私たちは消息を伝え合ったし、その後も彼らの次の世代の者たちとも連絡を取り続けた。旅には数週間を費やした。ほとんどの場合戸外で眠り、戸外で焚き火をし料理をした。ある晩、廃屋となっていた丸太小屋で泊まった時のことを思い出す。母は料理をしようとかまどに火を起こし、床に寝床を作ろうとしていた。火が盛んになった途端、優に一ヤード半〔約一四〇センチ〕もある大きな黒いヘビが煙突から転がり落ち床を這いまわり始めた。もちろん私たちはすぐにその小屋から逃げ出した。ようやくの事、私たちの目的地——モールデンと呼ばれる小さな町で現在の州都チャールストンから五マイル〔八キロ〕ほどのところ——に着いた。

当時、岩塩採掘がウエストヴァージニア州モールデン周辺の大きな産業だった。モールデンの小さな町は製塩所の並び立つ地域の中央に位置していた。継父はすでにある製塩所で働いていて、私たちが住む小さな小屋も確保していた。新しい住居は元の農場の小屋とさして変わらないものだった。実際、一つの点では前の住居より劣っていた。農場の小屋は貧弱なものではあったが、いつでも澄んだ空気があった。新しい住居は多くの小屋がひしめき合う混雑した地区の中にあった。衛生上の規制などなかったので、小屋の周囲の不潔さは耐え難いものだった。近所には黒人もいれば、極貧で無知そのものの品のない白人もいた。さまざまな人が寄り合う雑居地だった。飲酒、賭け事、喧嘩、乱闘、それに不道徳極まることが横行していた。この小さな町に住む人々は皆何らかの形で製塩業に関わっていた。私はまだほんの子どもだったが、継父は私と兄を、彼が働いていた製塩所に就職させた。仕事は朝早く四時に始まることも多かった。

初めて文字による知識に触れたのはこの製塩所で働いている時のことだった。塩の樽詰め作業員一人一人に、樽に記される特定の番号があてがわれていた。継父の番号は「一八」だった。一日の仕事の終りに、作業の親方が来て私たちが詰めた樽すべてに「一八」と書いた。ほどなく私はその数字をどこに書いてあっても見分けることができるようになった。その後しばらくするとその数字を自分でも書けるまでになったが、他の数字や文字を知っている訳ではなかった。

物心ついて以来、読めるようになりたいという強い願望を私は持っていた。まだほんの子どもだった時すでに、人生で他に何も成し遂げることがなかったとしても、普通の本や新聞を読めるだけの教育はどうにかして受けようと固く決心していた。私たちがウエストヴァージニアの新しい小屋に何とか落ち着いてしばらくしてから、何でも良いから本を一冊欲しいと母に頼んだ。どこでどうやって手に入れたのかは知らないが、母はウエブスターの「青表紙」綴り方練習帳の古本を見つけてきた。アルファベットに始まり、「ab」「ba」「ca」「da」のような意味のない言葉が並んでいた。すぐさま私はこの本にかじりついた。これは私が手にした最初の本である。読めるようになるためにはアルファベットを学ばなければならないと誰かに聞いたことがあった。それで思いつくあらゆる方法で――もちろん先生なしで――アルファベットを勉強した。教えてくれる人などいなかった。当時周囲のどこにも私の黒人同胞で字を読める人はいなかった。白人に近づく勇気はなかった。数週間内に、何とかアルファベットのほとんどを習得した。文字を学ぼうとする私の野心をすべて母は受け入れてくれた。私の願いを共有してくれ、できる限りの援助を惜しまなかった。母は文字を全く読めなかったが、子どもたちには高い望みを抱いていた。母はしっかりとした常識の持ち主で、どんな状況にも対応し乗り越えていくことができた。もし私がこれまでの人生で何か注目に値することを成し遂げているとしたら、母のこのような性質を受け継いでいるためだと確信する。

私が教育を受けたいと切望しているところへオハイオ州で文字を読むことを学んだ一人の黒人青年がモールデンに来た。モールデンの黒人たちは彼が字を読めることを知るとすぐに新聞を手に入れ、たいてい毎日仕事が終わるとこの青年を囲み、男も女も彼が新聞の記事を読むのを熱心に聴くようになった。この人を私はどんなにか羨んだことだろう！　世界中でこの青年ほどに満足すべきことを成し遂げた人はいないように私には思われた。

この頃、この村に黒人の子どものための何らかの学校を建てようという話が黒人同胞の間で持ち上がった。ウエストヴァージニアのその地区では最初のニグロのための学校となるので、一大事であるのはもちろんの事であり、議論は多くの関心を呼んだ。最も困難な問題はどこから教師を得るかということだった。オハイオから来た新聞を読める青年も候補に挙がった。しかし彼は若すぎるということになった。そこへオハイオ州から兵隊上がりの黒人青年が来た。ほどなく彼がかなりの教育を受けていることが分かり、新しい学校で黒人の教育に携わることになった。この地区ではまだ黒人のための無料の学校は例がなかったので、話し合いの結果それぞれの家族は月謝を納めることが決められた。教師は生徒の家で「持ち回り接待」を受ける――つまり教師は順繰りに生徒の家で一日ずつ過す――ことになった。これは教師にとっては悪くない条件だった。教師が来る日にそれぞれの家族は最高のもてなしをしようとしたからである。自分たちの小屋に「先生の日」が近づくのをわくわくして大変楽しみに待っていたことを思い出す。

ある人種に属する人々全員が初めて学校に通い始めた。この出来事は、これまであらゆる人種に関して起こったいろいろな出来事の中でも、非常に興味深い研究対象となる。この体験の渦中にいなかった人には、教育に対して私の黒人同胞が持った渇望を完全に理解することは難しい。今述べたように、一つの人種全体が学校に通うことを志した。学ぶ志を持つ者にとって、若すぎるとか年をとり過ぎているということはなかった。教師が確保されるや否や昼間の学校はすし詰めとなり、夜学校も同様だった。年をとった人たちの大きな望みは何としても死ぬ前に聖書を読めるようになることだった。この目的を抱く五〇歳とか七五歳の男も女も夜学校にいた。解放後直ちに日曜学校が設置されたが、日曜学校で学ぶ主な本は綴り方練習帳だった。昼間の学校、夜学校、日曜学校はいつでも大入り満員だった。しばしば座る場所が足りなくて断られるほどだった。

カナワ・ヴァレーに学校はできたが、私はそれまでに経験したことのないほどの深い失望を経験しなければならなかった。それは私が製塩所で働き出してから数か月経ったころだった。私の継父は私の稼ぎを当てにできることを知った。それで、学校が開校した時、継父は私に仕事を辞めさせることはできないと言った。継父の決定により、私のすべての望みが消え去るように思われた。私が働いていた所から子どもたちが朝も昼も学校にうれしそうに通うのが見えたので、いっそう私の気持ちは沈んだ。そのような失望感を抱きながらも、私はどうにかして何かを学ぼうと固く決心していた。それで「青表紙」の綴り方練習帳をマスターしようといっそう励んだ。

母は私が失望していることに同情してくれ、あらゆる方法で私を慰めてくれたし、私が学べるようにと道を見つける手助けをしてくれた。ほどなく、昼間の仕事の後、夜に学校の教師が時々私に教えてくれることになった。この夜の勉強時間がとても楽しみだったので、私が夜に学んだことは、他の子どもたちが昼に学んだことより多かったと思う。夜に学んだという経験から夜学校の価値を信じるようになり、後にハンプトンおよびタスキーギの二箇所で夜学部を開設することになった。しかし私には昼間の学校へ行きたいという子どもらしい気持ちは依然としてあったので、あらゆる機会を通じてその願いをかなえようとした。ついにその願いがかなう日が来て、数か月間昼間の学校に行くことが許されることになった。早く起きて朝九時まで製塩所で働き、午後学校が終わったらすぐに仕事に戻り、また最低二時間は働くという条件だった。

学校は製塩所からちょっと距離があった。私は九時まで仕事をしなければならなかったが、学校は九時から始まった。私は困った。学校はいつも私が着く前に始まることになるのだし、時には出席も取り終わっていた。この事態をなんとかするために、大方の人は非難するに違いないひとつの企みを思いついた。これは事実なので、ここに述べることにする。私は事実の持つ力と影響を固く信じる者である。事実を隠してもその結果何か得られることはほとんどない。製塩所の狭い事務所には大きな時計があった。この時計に従って百人以上の労働者すべての仕事の始めと終りが決められていた。私が学校に間に合うために思いついたことは、八時半になると時計の針を九時に進めることだった。ある日監督が何か変だと気づき時計を戸棚に入れてしまったが、それまで毎朝これを続けた。誰かに迷惑をかけるつもりはなかった。単に学校の始まる時間に間に合いたいと思っただけだった。

しかしながら最初に学校に行った時、その他に二つの困難が待ち受けていた。一つは、他の子どもたちは皆帽子を被っていることだった。私は帽子など持っていなかった。実際、学校に行くようになるまで、どんなものであれ頭に被ったことはないし、頭に何か被る必要を私も家族の誰も考えつかなかったと思う。他の男の子たちが帽子を被るのを見て、きまり悪く思い始めたのはもちろんだった。いつもの事ながら私はそのことを母に持ち出した。母は「既製品の帽子」を買う余裕は無いと言った。当時私の同胞の間に「既製品の帽子」を買うという新しい習慣が持ち込まれ、若者でも年上の者でもそのような帽子を手に入れることをかっこうがいいと思っていた。母は何とかすると言った。母は「手織り布」（ジーンズ）を二枚手に入れ、それを縫い合わせた。そのようにして、私は誇らかに最初の帽子を所有することになった。

このことを通して母が私に教えてくれたことはいつまでも私の心に残った。今に至るまで、このことを私は他の人々にもできるだけ伝えようとしてきた。この出来事を考えるときいつでも、母が自分を自分以上に見せかける誘惑――つまり学校の友達や他人に「既製品の帽子」を買う財力が無いのに買えるように見せかけようとする誘惑――に陥らないだけの強さを持っていたことを私はいつも誇りに思ってきた。返済する当ても無しに金銭を借りようとしなかった母を私はいつも誇りに思う。それ以後、私はいろいろな帽子を所有したが、母が二枚の布を縫い合わせて作ってくれた帽子ほどに誇らしく思ったものはない。「既製品の帽子」を被って人生を歩み出した級友の何人かは私が「手製」の帽子しか持っていないことをからかっていたが、その中には結局刑務所入りした者もいるし、今になって一つの帽子も買うことができなくなった者もいる。つけ加える必要もないのだが、彼らのことを喜んで言っている訳ではない。

二つ目の困難とは、私の名前に関してというか、名前が一つであることに関してだった。記憶にある限り、私は単に「ブッカー」と呼ばれていた。学校へ行くようになるまで、それ以上の名前をつけ加える必要があるとか、そうするのが適切なことだなどと考えたこともなかった。学校で出席を取るとき、他の子どもたちはみんな少なくとも二つの名前があることに気づいた。それに何人かは三つも名前を持つほどのぜいたく（私にはそう思えた）を享受する者もいた。私は困り果てた。先生は私に最低でも二つの名前を聞くだろうが、私には一つしか無かった。いよいよ私の名前が呼ばれる番になるまでに、うまい考えが浮かんだ。先生が私の姓名を尋ねた時、私は落ち着き払って、あたかも生まれてからこれまでずっとその名で呼ばれていたかのように「ブッカー・ワシントン」と答えた。それ以後、これが私の名前となった。後になって、私が生まれたとき母が「ブッカー・トリヴァ」という名をつけていたことを知った。しかし何らかの理由で、トリヴァの部分は長い間忘れられたままになっていた。しかしそのことが分かった後、私はすぐにその名前を復活させ、私の名前全体は「ブッカー・トリヴァ・ワシントン」となった。わが国において、私が経験したような経緯で自分の名前をつける特権を持った人は多くはないことと思う。

自分について、名誉も名声もある祖先を何百年も遡ることのできる少年または男であると思い描こうとしたことは一度ならずある。家名だけでなく、土地や財産を受け継ぐ者であると想像しようとした。しかしもし実際にそれらのものを受け継ぎ、より恵まれた人種に私が生まれついていたとしたら、自分自身の力で切り開かなければならないところを、きっと祖先の威光や自分の肌の色に頼る誘惑に負けることになっていただろうと考えることもあった。自分には祖先などないのだから私の子どもたちが誇りに思えるような足跡を自分は残そう、子どもたちがそれよりももっと高い目標に向かう励みになるような足跡を残そうと心に誓って、もう何年にもなる。

世の人々はニグロに、とりわけ若者に、性急で厳しすぎる評価を下すべきではない。ニグロの若者はその境遇に置かれていない人には分からないような障害、失望や誘惑と闘わなければならない。白人の若者が課題に取り組み成功するのは当然のことだ。一方、人々はニグロの若者が道を誤まらないのを見ると驚くのが普通だ。一言で言えば、ニグロの若者は逆風を受けて出発することが前提となっている。

祖先の威光は、それを頼りにし過ぎるのでなければ、どんな人またはどんな人種にとっても前進を助ける重要な力となる。ニグロの若者が白人の若者に比べて道徳心が薄いと批判する人々は、旧家に伝わる家名の影響力を考えていない。これまでにも述べてきたように、私は自分の祖母が誰かを知らない。叔父や叔母、従兄弟もいたし、今もいるが、彼らの多くがどこに今いるのかを知らない。アメリカの何十万という黒人について私と同じことが言えるだろう。もし自分が人生を誤まれば、何世代も溯る家系全体に恥を塗ることになると白人の若者が意識している事は、誘惑に対する抵抗を助ける上で大きな価値を持つ。誇りある家の歴史や親類が背景、あるいは身近にあるならば、成功しようと努力する途中で遭遇する障害を克服する助けとなり励みとなる。

私が昼間の学校へ通うことを許された期間は短かったし、私の出席は不規則なものだった。しばらくして昼間の学校へ行くことを止めて、再び一日中働かなければならなくなった。しかたなく再び夜学校へ行くことになった。実際、少年時代に私が受けた教育の大半は昼間の仕事が終わった後の夜学校を通して得たものだ。しばしば満足のいく教師を確保できなかった。時には、夜教えてくれる人をやっと見つけたかと思うと、その教師の持つ知識が私のものと違わないことが分かってがっかりしたこともある。夜の授業を受けるため数マイルも歩かなければならないことも多かった。私の少年時代を通して日々がどんなに暗く失意の多いものであっても、一つの決意だけはいつも変わらずあった。それはどんな代価を払っても、教育を受けるという固い決意だった。

私たちがウエストヴァージニアに引っ越してから間もなく母は自分たちの貧しさにもかかわらず一人の孤児を引き取った。彼はジェームズ・B・ワシントンと名乗ることになった。それ以後彼は私たちの家族の一員となった。

しばらく製塩所で働いた後、炭鉱での仕事が私に回ってきた。主に製塩所で使う燃料を供給するための炭鉱だった。炭鉱の仕事はとても嫌なものだった。その理由の一つには、炭鉱で働く者はいつも――少なくとも仕事中は――汚れていたからである。昼間の仕事が終わってから皮膚をきれいに洗うのは大仕事だった。炭鉱の入り口から炭層までは優に一マイル〔一・六キロ〕はあった。もちろん真っ暗な闇の中である。炭鉱の暗闇ほどの暗さを他の場所で経験できるとは思わない。炭鉱は多くの「部屋」もしくは区画に分かれていた。これらすべての「部屋」の位置を覚えることはできなかったので、何度も迷子になった。迷子になる恐ろしさに加えて、時には私が持っている明かりが消えることもあった。そんな時にマッチを持っていなかったとしたら、私に明かりを分けてくれる人に偶然巡り会うまで、暗闇の中をさ迷い歩かなければならなかった。仕事はきついだけではなく、危険なものだった。火薬が暴発したり、落石に押しつぶされたりする危険が常にあった。あれやこれやの原因で絶え間なく事故が起こり、私はいつも怯えていた。当時ほとんどの炭鉱地区では、多くの年少の子どもたちが教育を受ける機会もなく、危険な炭鉱で長時間過ごすことを強いられていた。それは今も変っていないのではないだろうか。更に悪いことには、これまでも何度も指摘してきたが、一般的に言って、炭鉱で人生を始める少年たちは肉体的にも精神的にも成長が止められてしまうことである。彼らは炭鉱で働き始めるやいなや、炭鉱夫以外の職業に就こうとする意欲を失ってしまう。

私は当時も成長してからも、志や活動に何の制約も受けない白人少年の気持ちと意欲を想像してみた。たまたま生まれや人種が違うという理由だけで、国会議員であろうと、知事または司教、大統領であろうと目指すのに何の障害もない白人少年を羨んだものだ。自分がそんな境遇に置かれたとしたらどうするだろうといつも想像してみた。そうしたら、底辺から出発し頂点に登りつめてみせるのにと思うのだった。

白人少年を羨むことがなくなったのはずっと後になってからのことであることを私は告白する。成功とは人生において到達した地位で判定されるものではなく、成功しようと努力する中でどれだけの障害を乗り越えたかによって判定されるものだということを今は知っている。この視点に立てば、ニグロの少年が不遇な人種に生まれたということは、実生活において利点になることも多いという結論にさえ私は達した。ほとんど例外なく、ニグロの若者が人に認められるには、白人の若者よりもいっそう勤勉でいっそうよい仕事をしなければならない。ニグロの若者が突破しなければならない厳しく並大抵でない闘いを通して、彼には強さと自信が生まれる。白人に生まれたという理由で比較的楽な道を通ったものにそれはない。

どんな視点から見ても、最も恵まれていると考えられている人種に属するよりは、ニグロという人種に属している自分のままでいたいと私は思う。どんな人種の人であろうと、その人種に属しているというだけの理由で、権利や特権そして名声という勲章を要求する人々について見聞きするといつも悲しく思う。その個人に価値がない限り、優越していると考えられている人種に属するだけでは、その個人を前進させることに決してならないと思う。また、劣等だと考えられている人種に属していても、その個人に生まれつきの資質が備わっていれば、それが日の目を見ないで終ることはない。迫害を受けている個人が誰であれ、その人が属する人種が何であれ、人間についての普遍的で時代を超えた大原則の前に慰めを得る。それは、どんな色の肌の下に隠されていても、その資質は必ず認められ、報いられるという法則である。私個人を見てほしいからこう言うのではない。私が属する人種を、私が誇りにしているからである。

第3章　教育を求めて

炭鉱で働いている時、ヴァージニアのどこかにある、黒人のための大規模な学校について二人の坑夫が話しているのを聞いた。私たちの町にある小さな黒人学校以上に立派な学校あるいはカレッジについて話を聞いたのは初めてだった。

話している二人に、炭坑の暗闇の中で物音を立てずにできるだけ近寄った。二人の話によると、その学校は私の同胞のために設立されたというだけでなく、貧しくても学ぶ力をもつ学生が働いて生活費の一部もしくは全額を得ることができるようになっており、職業訓練も受けることができるのだという。

その学校についての二人の話しが進むにつれて、その学校――ヴァージニアのハンプトン師範・農業訓練学院〔現在のハンプトン大学。一八六八年黒人教育のために設立される〕――が私にとって地上で一番すばらしいところに思えてきた。その時の私には、天国でさえもこれ以上に魅力的ではないと思われた。直ちに私はその学校へ行こうと固く心に誓った。学校がどこにあるのか、どれぐらい離れたところにあるのか、どうやって行くのかなど何も考えなかった。ハンプトンに行くのだという希望の火がいつも燃え続けていたことを思い出す。私はこの思いに昼も夜も取りつかれていた。

ハンプトン学院について話を聞いてから、数か月は炭鉱で働き続けた。仕事中、製塩所と炭鉱の持ち主であるルイス・ラフナー将軍の家で使用人を探していることを耳にした。ラフナー将軍の妻ヴァイオラ・ラフナー夫人はヴァーモント出身の「ヤンキー」〔北部白人〕だった。ラフナー夫人は使用人、特に彼女に直接仕える少年に対して厳しいことが人々に知れ渡っていた。彼女のもとで二〜三週間以上続く者はほとんどなかった。彼女は厳しすぎると誰もが言っていた。しかしながら、炭鉱で働き続けるよりはラフナー夫人の家で働いてみたいと思った。それで、母が私のために口を利いてくれ、私は月給五ドルで雇われることになった。

ラフナー夫人の厳しさについてはいつも聞いていたので、面会するのもこわく、震えながら夫人の前に立った。夫人を理解するのに何週間もかからなかった。まず夫人が最も望むことは清潔を保つことであり、てきぱき、きちんと物事を片付けること、それに、すべての基本として彼女が望んでいることは正直であり率直であることがすぐに分かった。何事もだらしの無いことやいい加減は許されなかった。すべてのドア、すべての柵はきちんと修理されていなければならなかった。

ハンプトンに行く前、どれくらいの期間ラフナー夫人の家で生活したかはあまり覚えていないが、多分一年半くらいだったと思う。これまでもあちこちで話してきたことをもう一度ここに繰り返すが、ラフナー夫人の家で学んだことはそれ以降に私が受けたすべての教育と同じくらい私には価値のあるものだった。今日でも、家の周りや道路に紙くずが落ちているのを見れば、すぐさま拾い上げないことはない。汚れた庭を見れば掃除をするし、柵が倒れていれば元に戻す。ペンキが剥がれたり薄汚れたりしていればペンキを塗り直したくなる。衣服のボタンが外れていたり、衣服や床に油のしみがあったりすれば注意を向けずにはいられない。

ラフナー夫人に対する怖れは消え、次第に夫人を私の大切な友人の一人と思うようになった。夫人は一旦私が信用できると分かると絶対的に信頼してくれた。彼女の家で一冬か二冬過ごしたが、冬の期間だけ昼間の一時間、学校へ行くことを許してくれた。しかしほとんどの場合は夜、ある時は一人で、教えてくれる人がいる時にはその人に謝礼を払って、私は学んだ。ラフナー夫人は私の学ぶ努力をいつも支援し、同情をもって見守ってくれた。私が自分の最初の本箱を持つことになったのは、彼女の家で生活している時だった。乾物用の箱を一つ手にいれ、一つの面を開け、中に棚をつけた。その中に手に入れたあらゆる本を入れて私の「図書館」と呼んだ。

ラフナー夫人の下で仕事はうまく行っていたが、私はハンプトン学院に行くことをあきらめてはいなかった。先に述べたようにハンプトンはどの方向にあるのか、旅費がどの位かかるのか、何も確かなことを知らなかったが、一八七二年の秋、何としても行くことに決めた。ハンプトンに行くという私の野心を本当に理解してくれる人は母以外になかったが、母は、私が無謀なことを始めようとしているのではないかと非常に心配した。私は渋る母の同意を何とか取りつけた。私が稼いだ少しの給料はほとんど継父と家族のために費やされて、ほんの数ドルが残っているだけだった。衣類と旅の費用をそれで賄わなければならなかった。炭鉱で働いていった兄のジョンは少ない収入のほとんどを家計に入れていたが、貯えの中から大きな額ではなかったが私にできるだけのことをしてくれた。

私のハンプトン行きに関して私が最も感動しうれしく思ったたことは、多くの年配の黒人たちが喜んでくれたことだった。彼らは青・壮年期を奴隷制度の下で過ごした。自分たちの同胞の一人が家を離れ、全寮制の学校に入学するのを見るまで生きるとは彼らには思いも寄らなかった。老人たちのある者は一セント、ある者は二五セント、ある者はハンカチを私にくれた。

ついにその輝かしい日が来て、私はハンプトンに向けて出発した。わずかな衣類の入った安物の小さな手提げ袋だけが荷物だった。母は当時健康を害しており弱っていた。再び会う日はないと思われたので、母との別れはいっそう悲しいものだった。しかしながら、母は別れのとき凛々しく振舞った。当時ウエストヴァージニアの私たちの地域からヴァージニア東部まで通じる鉄道はなかった。鉄道はその一部だけ通っていて、あとは乗合馬車を利用するしかなかった。

モールデンからハンプトンまではおよそ五〇〇マイル〔八〇〇キロ〕である。私の所持金がハンプトンまでの旅費にとうてい足りないことを知るまでに、家を出発して何時間もかからなかった。いつまでも忘れられない経験が一つある。その日、旧式の乗合馬車に乗って山を越え、夜遅く馬車は宿屋に着いた。それはペンキも塗られていないみすぼらしい家だった。私以外の乗客は白人だった。無知だったのだが、私はその小さな宿屋が乗合馬車の乗客のためのものだと思った。肌の色による差別があるとは思いもしなかった。他のすべての乗客が部屋に案内され夕食の席についたとき、私は事務机にいた男の前におずおずと歩み出た。ポケットには部屋代や食事代になる金は実質的に無いも同然だったが、なんとか宿主の憐れみを請うことができるのではないかと思っていた。ヴァージニアの山間部はまだ寒い時期だったし、夜は屋内で過ごしたかった。机の男は金を持っているかも問わずに、私に提供する食事も部屋もないと撥ね付けた。自分の肌の色が意味するところを知った初めての経験だった。歩き回って身体を温め、どうにか夜をやり過ごした。私の心はハンプトンに辿り着くことのみに向けられていたので、宿の主人に対する恨みをかこつ暇はなかった。

歩いたり馬車や自動車のヒッチハイクをしたりして、何日かの後、どうにかヴァージニア州のリッチモンド市についた。そこからハンプトンまでまだ八二マイルほど〔約一三〇キロ〕ある。夜遅く、疲れ果てて空腹をかかえ、薄汚れた格好で、そこに着いた。それまで大都市に行ったことはなかったので、私はいっそう惨めな思いになった。リッチモンドに着いた時には一文無しになっていた。一人の知り合いもなく、町の複雑な様子にどぎまぎし、どこへ行けばいいか全く分からなかった。宿を探して数軒尋ねたがどこでも宿泊代を求められた。私に持ち合わせは無かった。他になすべきことを思いつかず、通りを歩き回った。食品店の前を通ると、棚にはフライド・チキンや半月型のアップル・パイが食欲をそそるように山盛りに置かれているのが見えた。その時には、そこにあるようなチキンやパイと引き換えに、将来手に入れるものすべてを差し出すと約束しても良いと思った。しかし、私はチキンやパイはおろか、何も食べ物を口にできなかった。

真夜中過ぎまで通りを歩きまわったと思う。ついには疲れ果て、一歩も歩けなくなった。疲れて空腹だった。力尽きていた。疲労が極限に達した頃、板張りの歩道の下に少し隙間がある所に来た。少しためらったが、誰も私を見ていないことを確かめてその隙間にもぐりこみ、衣類が入った袋を枕にして一夜を明かした。夜中私の真上に人の足音がしていた。次の朝少し元気を取り戻したが、非常に空腹だった。充分な食事を長い間とっていなかった。明るくなって辺りが見えるようになると、自分が大きな船の近くにいることに気づいた。この船は銑鉄を荷下ろししている最中のようだった。直ちに私は船の近くに行き、食事代を稼ぐために船の荷下ろしを手伝いたいと船長に申し出た。船長は白人だったが優しそうな人で、許可してくれた。朝食代を稼ぐまで働いた。今振り返ってみて、その時の朝食以上においしい食事はその後もなかったように思う。

船長は私の仕事ぶりを気に入ったので、もし私が望むならば、日雇いで働かないかと言ってくれた。私の望むところだった。何日かこの船で働いた。わずかな日給で食べ物を買った後に、ハンプトンまでの旅費として貯める金額は少なかった。あらゆる方法で倹約するために、リッチモンドに着いた最初の晩の宿となった歩道の下で夜を過ごした。その後多くの年月を経てから、リッチモンドの黒人市民が私のために心を込めて歓迎会を催してくれたことがある。その時は二千人も集まったと思う。この歓迎会が開かれた場所は、私がこの町で最初の幾夜かを過ごした場所からほど遠くないところだった。わたしの心はその時人々から受けた心尽くしの暖かい歓迎よりも、この町での最初の夜を過ごした歩道に向けられていたと告白しなければならない。

ハンプトンまでの旅費に充分だと思われるだけの資金ができた時、船長に礼を言い、再び出発した。特に何事もなくハンプトンに着いたが、その時そこで教育を受けるために残っていた資金はわずかに五〇セントだけだった。私にとっては長くて波乱に富んだ旅だった。しかしレンガ造り、三階建ての大きな学校を見た瞬間、そこに着くまでの苦労すべてが報われたように思われた。その建物の景観が私も含めて何千という若者に対して与える影響力が如何に大きいかを、建築費を寄付した人々が知れば、さらに寄付をしたいと思うだろう。私にはその建物がそれまでに見たどんな建物よりも大きくて美しく見えた。その堂々たる建物が私に新しい人生を約束してくれるように思えた。全く新しい存在となった自分の人生――今や新しい意味を持つ人生――の始まりを感じた。ついに約束の地にやって来たと感じた。どんな障害にも打ち克ち、世界で最善のことを成し遂げるための努力をしてみせると私は固く決心した。

ハンプトン学院のキャンパスに着いてすぐ、入学の手続きをするため教頭に面会に行った。長い間、充分な食事もとらず、風呂にも入らず着替えもしていなかったので、私が教頭に良い印象を与えなかったのはもちろんのことだった。私を入学させることについて教頭が迷っているることがすぐに見て取れた。私を入学させる価値のない浮浪者やならず者だと彼女が思ったとしても、彼女を責めるわけにはいかなかった。私はただちに入学を拒否されることはなかったが、許可もされなかった。私は彼女の周りをうろうろし、あらゆることをして自分の価値を印象づけようとした。その間、他の人たちには彼女が入学許可を与えるのを目撃し、いっそう私は居心地悪く感じた。心の底では自分も他の人と同じ能力があるのにと思い、ただ自分がどんな人間か見てもらう機会さえあればと考えた。

何時間か経ってから、彼女は「となりの教室は掃除が必要です。箒で掃きなさい」と言った。すぐにチャンスだと思った。命令されるのをそれほどうれしいと思ったことはなかった。掃除ならできる。ラフナー夫人の家で徹底的に掃除の仕方は教えられていた。

私は三回教室を掃いた。それから雑巾で四回埃を拭いた。壁板、すべての長椅子、テーブル、机を雑巾で四回拭いた。その上、備品はすべて移動させ、すべての戸棚、そして部屋の隅々まで徹底的に掃除した。その掃除が教頭に与える印象が私の未来に重大な意味を持つと感じた。すべて終わってから、教頭に報告した。教頭は「ヤンキー」の女性でどこの汚れを点検すべきか知っていた。彼女は部屋に入ると、床や棚を調べた。ハンカチを取り出し、ハンカチで壁板やテーブル、椅子などをこすった。床にもどんな家具の上にも一点の汚れも見つけることができなかったので、彼女は静かに言った。「この学校でやっていけそうですね。」

私は地上で最も幸福な者の一人となった。部屋の掃除が私の入学試験だった。ハーヴァード大学であろうとイエール大学であろうと、入学試験に合格した若者でこれほど心からの満足感を味わったものは他にはいなかっただろう。それからも私はいくつかの試験に合格したが、この時の合格が一番うれしかったといつも思う。

ハンプトン学院への入学の次第について自分の経験を述べた。私と全く同じ経験をした者がいることはないだろうが、私に似た経験を重ねた後、同じ頃にハンプトンや他の学校へ入学する道を探し当てた何百人もの若者がいた。若い男も女もどんな犠牲をはらってでも、教育を受けたいと固く決心していた。

教室の掃除の仕方がハンプトン学院への入学の道を開いた。教頭であるメアリー・F・マッキー先生は用務員の仕事を私に割り当ててくれた。もちろんのこと、私は感謝してその仕事に就いた。その仕事は食費と寮費のほとんどを賄うことができるものだった。仕事はきつく骨の折れるものだったが、私はやり通した。非常に多くの部屋を私は担当することになったので夜遅くまで仕事をしなければならなかった。朝はストーブの火を点けてからわずかでも学科の予習をするために四時には起きた。ハンプトン在学中を通して、また卒業して世に出てからも、ミス・メアリー・F・マッキー教頭は私を最も力強く援助してくれた友の一人となった。彼女の助言と励ましはいつも有益で、最悪の暗闇にいる時にも私を力づけてくれるものだった。

ハンプトン学院の建物や景観全体が私に与えた印象について先に述べた。しかし消え難い最大の印象を私に与えたものについてまだ述べていない。それは私が出会う光栄に与った人の中でも最も気高く稀にみる人物――故サムエル・C・アームストロング将軍(5)――のことである。

私はヨーロッパでもアメリカでも大人物と言われる多くの人物に直接会う機会に恵まれてきた。しかしアームストロング将軍に匹敵するほどの人物に会ったことがないと躊躇せずに言うことができる。奴隷制下の農場や炭鉱のような劣悪な環境でいろいろな経験を経てきたばかりの私が、アームストロング将軍のような人物と直接触れ合うことを許されたことは非常な名誉だった。初めて彼の前に出た時に完全無欠な人物だという印象を彼から受けたことをいつも思い出す。彼には超人間的な雰囲気が漂っていると感じさせるものがあった。私のハンプトン学院入学以来、将軍の死の時まで、彼と個人的に知り合うことができたのを光栄に思う。将軍を知れば知るほど、私の中で彼はいっそう偉大さを増した。ハンプトン学院に建物、教室、教師、事業のすべてがなかったとしても、若い男女が日々アームストロング将軍と接する機会があるだけで、それはリベラル・エデュケーション〔職業教育や専門教育と異なり、人間性を育てるための教育〕になったであろう。書物から得られる教育も高価な設備から得られる教育も、偉大な男性、女性と触れ合うことから得られる教育に勝りはしない。リベラル・エデュケーションに対する確信は私が年をとると共に深まってきた。学校や大学で書物からだけ学ぶのではなく、人物や事柄から学ぶことができればと痛切に思う。

アームストロング将軍はその晩年最後の六か月の内、二か月間をタスキーギの私の家で過ごした。当時、将軍には身体に麻痺があり、体と言葉の自由をかなり失っていた。その障害にもかかわらず、自分に与えられた使命を果たすため常に日夜働き続けた。これほど完全に無私の精神で働く人を見たことがない。彼が一度でも利己的な考えを持ったことがあるとは考えられない。ハンプトンで仕事をしていた時と同様に、南部にあるその他の施設の力になろうと喜んで手を貸した。南北戦争では南部の白人を相手に戦ったにもかかわらず、その後彼が南部白人に対して憎しみの言葉を発したのを聞いたことがない。それどころか、南部の白人のために役立つ道を常に探し続けていた。

彼がハンプトンの学生たちに及ぼした力、学生たちが彼に寄せた信頼について述べ尽くすことはできない。彼は学生たちから崇拝されていた。アームストロング将軍が何か失敗することはあり得ないと考えられていた。彼が要求することは、ほとんど何事もその通りになった。アラバマの我が家に彼が客として滞在していた時、彼は身体に麻痺があったので車椅子で移動しなければならなかった。将軍の以前の学生の一人が、長くて急な坂の上まで精一杯の力でその車椅子を押した時のことを思い出す。坂の上に着いた時、その学生は顔を輝かせながら「将軍の生きている間に、将軍のために力一杯尽くす機会が与えられて本当にうれしい」と言った。私がまだ学生だった頃、寮は満員で入寮したい学生全員が入ることができなかった。そこで将軍が立てた対策は部屋を造るのではなくテントを張ることだった。上級生たちはその冬テントで寝起きすれば将軍を喜ばせることになると考えた。すると学校中のほとんどすべての学生がテントに入ることを申し出た。

私も申し出た一人だった。テントで過ごしたその冬は厳しい寒さだった。とても苦しかったが、誰も不満を言うものはなかったので、将軍はどれほどの寒さか気づかなかったと確信する。将軍を喜ばせ、また多くの後輩学生が教育を受けられると思うだけで充分だった。厳冬の夜中に強い風が吹く時など、テント全体が持ち上がり、自分たちがテントの外に放り出されたことも一度ならずあった。将軍はたいてい朝早くテントを訪れた。将軍の誠実で明るく力強い声が萎えていた気持ちを奮い立たせてくれた。

アームストロング将軍について私の敬慕の念を述べてきたが、南北戦争の終結と共に私の同胞の水準を上げるためにニグロの学校で働いた何百という人々（男性女性を問わず）が持つキリストの精神を彼は代表しているに過ぎない。これらニグロの学校に尽くした男性女性が示す以上の高潔、純粋、無私の精神を世界の歴史の中に探すのはむずかしい。

ハンプトンでの生活は新たな発見の連続であり、新しい世界に私を導いた。決まった時間に食事をすること、テーブルクロスのある食卓に着くこと、ナプキンを使うこと、湯船に入ること、歯ブラシを使うこと、ベッドにシーツを敷くこと、すべてが私にとって新しい経験だった。

入浴する習慣は、私がハンプトン学院で得た中でも最も価値があるものではないかと思うことがある。入浴が身体の健康のためだけのものではないことを私は生まれて初めて経験した。入浴の価値は自尊心が高められ精神的な価値を持つことを私は知った。ハンプトン学院卒業後、南部その他どこへ出かけても入浴を日課とするよう心がけた。私の同胞の一部屋しかない小屋に泊まるような時には入浴が難しいこともあった。そんな時は森に流れる小川でそっと水浴びした。私の同胞に対しては、どの家にも何らかの入浴の設備を取り付けるべきだと教えようといつも心がけた。

ハンプトン学院に入学してからしばらくの間、私には一足の靴下しかなかった。汚れるまで履いてから、夜洗濯し、火のそばで乾かし、次の朝またそれを履いた。

ハンプトンの寮費は食費も含め月額一〇ドルだった。その一部を現金で支払い、残りは仕事で賄うことになっていた。すでに述べたように、学校に着いた時に持っていた現金は五〇セントだけだった。兄のジョンからわずかな仕送りが時々あるだけで、寮費に当てる現金がなかった。用務員としての仕事を完璧にこなし、私の働きを学校にとって絶対に必要で欠くことのできないものしようと、最初の時から固く決心していた。私の決心は報われ、間もなくこの仕事ですべての寮費を賄うことを許された。授業料は年額七〇ドルだった。もちろんのこと、これも私の用意できる額ではなかった。寮費のほかに七〇ドルの授業料を支払わなければならないのだったら、私はハンプトン学院にはいられなかったことだろう。しかしながら、アームストロング将軍の心ある計らいで、マサチューセッツ州ニュー・ベッドフォードのS・グリフィッツ・モーガン氏がハンプトン在学中の私の授業料を支払ってくれることになった。私はハンプトン学院を卒業し、タスキーギ学院に就職して生涯そこで働くことになったが、その間私は何回かモーガン氏を訪ねる機会に恵まれた。

ハンプトンで過ごすようになって少し経つと、本や衣服がなくて困った。しかし大抵の場合、本については私より少しは恵まれている学生に借りることで間に合わせた。衣服については、ハンプトンに着いた時には本当に何も持っていなかった。私の持ち物は小さな手提げかばんに入っているものがすべてだった。アームストロング将軍自ら、学生たちを整列させて服装が清潔かどうかを検閲したので、私はいっそう衣服のことで心を悩ました。靴は磨かれていなければならなかったし、服のボタンが落ちていてもいけなかった。油汚れも許されなかった。仕事中も授業中も同じ一着の上下をいつも着、それでいて汚れずに過ごすことは私にとって難しい問題だった。私は努力をして、私が真面目に向上しようとしていることを教師たちになんとか知ってもらうことができた。それに、北部から樽で送られて来る古着が手に入るように計らってくれた親切な教師もいた。樽に詰められ、送られてきた衣類は貧しくても努力する多くの学生たちにとって恵みだった。それがなかったら、ハンプトン学院での勉学を続けられたかどうか疑問に思う。

ハンプトンに行くまでベッドで二枚のシーツを使って寝たことはなかった。当時学校の建物は多くなかったし、部屋は少なかった。私の部屋には七人の男子がいた。すでにそこに生活していた先輩学生がほとんどだった。二枚のシーツは私にとって謎だった。最初の晩は二枚のシーツを上にして寝た。二日目の晩は二枚のシーツを下にして寝た。しかし他の男子を観察して要領が分かったので、それ以後はそれに従い、後輩にも教えた。

当時ハンプトンにいた学生の中で私は最年少者の一人だった。ほとんどの学生は男性も女性も大人で、四〇歳くらいの者もいた。これらの男性や女性ほどに非常に真面目な三百～四百人もの人々と接する機会を与えられることは滅多にあるものではないと確信する。すべての時間が勉学や労働に向けられた。そこにいたほとんど全員がすでに実社会を経験し、教育の必要性を知っていた。もちろん年とった者の多くは教科書を完全にマスターすることはできず、彼らの苦闘を見るのはしばしば辛いものだった。しかし彼らは知識が足りなくても真面目さにおいて引けをとらなかった。彼らの多くは私と同じように貧しかった。本と格闘しなければならなかった上に、生活の必需品すら持てない貧しさと闘わなければならなかった。多くの者は、彼らに頼る年老いた両親を抱えていた。妻に送金する者もあった。

学生たちの誰もが持っていたと思われる大きな夢は、それぞれ故郷の人々の向上のために自分を磨くことだった。誰一人として自分のことを考えるものはいなかった。それにつけてもハンプトン学院の教員も職員も何と稀な人々だったことだろう。学生のために昼夜を分かたず、褒められてもけなされても、一年中働き通しだった。何とかして学生の力になることだけが彼らの喜びであるように見えた。南北戦争直後、ニグロ教育のためにヤンキーの教師たちが果した役割を書けば（それは書き残されなければならないと私は思う）、それはわが国の歴史の中でも最も心躍らされる部分になるであろう。未だ南部全体が彼らの献身に感謝することにはなっていないが、その日が来るのも間もないことだろう。

第4章　人々のために

ハンプトンでの最初の一年が終了した時、また別な困難にぶつかった。ほとんどの学生は夏休みを過ごすため家に帰っていった。私には家に帰る資金がなかったが、とにかく寮を出てどこかに行かなければならなかった。当時夏休みの間、寮に残ることが許された学生はほとんどいなかった。他の学生たちが家に帰る準備をして家に帰って行くのを見ると、とても悲しく寂しい気持ちになった。私には家に帰るにしてもどこへ行くにしても資金がなかった。

しかし、以前手に入れたもので私には必要でない、高価だと思われる古着のコートを私は持っていた。旅費を工面するためにこのコートを売ることにした。子どもっぽい誇りがあったので、私がお金もなくてどこへも行けないという事実をできるだけ他の学生に隠そうとした。ハンプトンの町の少数の人に私が売りたいコートがあることを知らせた。ある黒人を何とか説得し、彼はコートを見てから考えると約束してくれた。私は意気消沈していたが、これでとてもうれしくなった。次の日の朝早く、この有望な買い手が現れた。コートを注意深く点検してから、彼はいくら欲しいかと聞いた。私は三ドルの価値はあると思うと答えた。彼は私の言った値段に同意したように見えた。しかし全く当たり前のような調子でこう言った。「よし分かった。コートは買うが、今現金で五セント支払い、残りはお金ができ次第支払うよ。」それを聞いて私がどんな気持ちになったか容易に分かるだろう。

とてもがっかりして、町の外に出て夏の仕事を探すことをあきらめた。衣類と他の必需品を買うだけの収入が得られる仕事を探したいと切に願った。数日の間にほとんどすべての学生と教師は家に帰ってしまい、私はいっそう気が滅入った。

ハンプトン町内外を数日探した結果、フォートレス・モンローのレストランの仕事をやっと見つけた。しかしながら、給料は住み込みの部屋代と食事代とをやっと賄えるだけだった。夜や、レストランの営業時間以外には、勉強や読書ができる時間がかなりあった。そのお陰で夏休みの間、私はしっかり勉強することができた。

学校での最初の一年が終わった時、学校に対して一六ドルの借金が残った。これは学内労働の賃金が学費を賄いきれなかったためである。夏の間にお金を貯めて、この借金を返すことが私の一番大きな願いだった。これは名誉に関わる借金だと感じていた。この借金を返すまでは学校に再び戻ることはとてもできないと考えた。思いつく限りの節約をした。自分で洗濯もしたし、最低必要限の衣類しか持たなかった。それにもかかわらず、夏休みが終わった時にその一六ドルは手許に残らなかった。

レストランで働く最後の週のある日のこと、私はテーブルの下に真新しい一〇ドル紙幣を見つけた。うれしくて自分を抑えることはとてもできなかった。自分の事業所ではないので、経営者にそれを見せることが適当だと思った。そして実行した。彼も私と同じくらい喜んだようだった。彼は、そこが彼の店だからお金も自分のものだと言ってポケットにいれた。告白するが、これは私にとって痛い打撃だった。気が挫けたわけではない。今振り返ってみて、私が成し遂げようとしているどんなことについても、私は気が挫けたことは一度もない。何事を始めるにも、成功してみせるという考えで始めた。それで、多くの人が成功しなかった理由をすぐ言い訳するのには我慢ができない。どのように成功したか話せる人を私は常に評価する。その時も状況に真正面から対処する決心をした。夏休みの最後の週に私はハンプトン学院の財務担当者であるK・F・B・マーシャル将軍に会い、私の状況を率直に話した。感謝すべきことに、将軍は学校に戻ることを許してくれ、私を信用するから、借金は返せるようになったら返済しなさいと言ってくれた。学校生活二年目も私は用務員の仕事を続けた。

ハンプトンで教科書から得た教育は私が学んだもののほんの一部に過ぎない。二年目に私に深い印象を与えたものの一つは教師たちの無私の精神だった。他人のために働くことが大きな喜びだと感じられる人々がいることを私は理解できなかった。その年の終りには、他人のために最善を尽くす人こそ最も幸福な人だということが分かり始めた。それ以来、私はそのことをいつも実行するように努めてきた。

またハンプトンでは最高品種の家畜や家禽に触れるという貴重な経験をした。この経験をした学生で、卒業後劣った品種を飼育することに満足する者はないと思う。

二年目に得たものの中でおそらく最も価値のあることは、聖書の読み方と価値を理解したことだった。メイン州ポートランド出身の教師の一人、ナタリー・ロード先生は私に聖書の読み方と愛し方を教えてくれた。私はそれまで聖書にあまり注意を向けていなかったが、今では聖書がもつ霊的力のためだけではなく、文学としても聖書を読むことを愛するようになった。それ以来私は今日までどんなに忙しいときでも、聖書の一章またはその一部分を仕事の始まる前に読むことを朝の日課としている。

演説家として私に何か才能があるとすれば、それはロード先生のお陰だ。先生は私にこの方面の才能があると気づくと、呼吸法、強調法、発音法などについて個人教授をしてくれた。私は話すことだけが目的の演説には何らの魅力も感じたことはない。実際、単に観念的な演説ほど空疎で満足感の得られないものはないと私は思う。私は幼い頃から世界をより良いものにするために何かしたい、その事について世界に向かって話せる人になりたいと考えてきた。

ハンプトンのディベート集会はいつも私の喜びの源だった。例会は土曜日の夜に開かれたが、ハンプトンにいる間中、例会を欠席したことはない。例会に必ず出席しただけでなく、別のディベート集会を組織する発起人となった。夕食が終わってから夜の勉強時間が始まるまでに時間が二〇分ほどあり、その間大抵、みんなくだらない雑談をしていた。仲間二〇人ほどで、この時間を活用してディベートや演説の練習する会を立ち上げた。二〇分をこのように使って、その時間から私たちほどに喜びと恩恵を得たものは他にいなかった。

ハンプトンでの二年目が終わった時、母と兄ジョンからの送金とハンプトンの一人の教師から受けた小額の援助で、私は夏休みを過ごすためウエストヴァージニアのモールデンの家に帰ることができた。私が家に着いた時、製塩所も炭鉱も、坑夫のストライキのため操業されていなかった。ストライキは労働者が二〜三か月分の給料を貯めるといつも起こるようだった。ストライキの期間中に貯金のすべてを使い果たすのはもちろんのこと、しばしば負債を抱えて仕事に戻り、ストライキ前と同額の給料で働くことになることもあったし、相当の費用をかけて別の炭鉱に移ることもあった。私は見ていて確信したが、どの場合にしろ、ストライキが終ると坑夫の状況はストライキの前よりも悪くなっていた。銀行にかなりの貯金がある坑夫はいた。しかし節約に長けた坑夫であっても、労働者を扇動する者たちの言うなりになった結果、貯金を減らしていた。

もちろん母も私の家族も私との再会を大へん喜び、この二年間の私の進歩を喜んだ。私の帰郷をあらゆる階層の黒人が喜んでくれたが、特に年老いた者の喜びは心を打った。私はすべての家庭を訪問し食事を共にし、ハンプトンでの私の経験を物語らなければならなかった。これに加えて教会や教会学校、その他多くの場所で話さなければならなかった。しかし私が一番求めていたものは仕事だったのに、それはなかった。ストライキのために仕事がなかった。夏休みの最初の一か月間のほとんどを仕事探しに費やした。収入を得て、ハンプトンへ帰るための旅費とハンプトンに着いてから使うお金を貯める必要があった。

最初の一か月が終ろうとする頃、就職口を探してかなり遠い所まで行った。それでも働き口は見つからず、帰ろうとする頃には日が暮れてしまった。家まであと一マイル〔一・六キロ〕くらいのところで、疲れ果てて歩けなくなった。私はそこにあった古い廃屋に泊まることにした。午前三時ごろ兄のジョンが私を見つけ、精一杯穏やかに、愛する母が夜中に亡くなったという悲しい知らせを伝えた。

これは私の人生の中で最も悲しく空ろな瞬間だったと思う。数年の間母は健康を害していた。しかし前日に母と別れた時、もう二度と彼女を見ることがないとは思ってもみなかった。それに、彼女の臨終には付き添っていたいといつも切に願っていた。ハンプトンで一所懸命に努力したのも、母を楽にし幸せにできるような者になるという目標があったからだった。彼女も生きながらえて、子どもたちが教育を受けてから世に出て行く姿を見たいと何度も繰り返し述べていた。

母の死後いくらも経たない内に、我が家は滅茶苦茶な状態になった。妹のアマンダは最善を尽くしたが、まだ小さかったので家をどう切り盛りすればよいのか知らなかった。継父は家政婦を雇うことができなかった。料理した食べ物がある日もあれば、無い日もあった。食事が缶詰のトマトとクラッカーだけの日も一度ならずあった。衣類は手入れされないし、家のすべてが瞬く間に荒れ果てて行った。私の人生においてこの時が一番みじめな時期だったと思う。

私の良い友人であるラフナー夫人については前にも述べたが、彼女は私をいつでも家に迎え入れてくれ、この辛い時期を通して色々な方法で私を助けてくれた。夏休みが終る前に彼女は私に少し仕事をくれた。その他、家から少し離れたところの炭坑で働いたので、少しお金を稼ぐことができた。

ハンプトンに戻ることを諦めなければならないと思う時もあった。しかし絶対に戻ると心に決めていたので、何とか戻れるよう努力することにした。冬用の衣類が欲しいと切に思ったが、兄のジョンが私のために手に入れてくれた僅かな衣類以外は手に入らなかった。資金と衣類は充分ではなかったが、ハンプトンへ戻る旅費だけは確保できたのでとてもうれしかった。戻りさえすれば、私は用務員の仕事を上手にこなせるので、学校の一年をなんとかやっていけることが分かっていた。

ハンプトンの新学期が始まる三週間前に、女性の校長メアリー・F・マッキー先生から手紙を受け取り、学校の始まる二週間前にハンプトンに戻るようにとあったので、驚くと共に喜んだ。新学期に備えて建物の掃除をし、すべてを整える手伝いをしてほしいとのことだった。これこそ願ってもない機会だった。これで授業料を払うことができる。私は直ちにハンプトンに向かった。

この二週間に私は生涯忘れられないことを学んだ。マッキー先生は北部の古い由緒ある家の出身だったが、二週間、彼女は私と行動を共にし、窓を拭き、部屋の埃を払い、ベッドを整えるなど、すべての仕事を共にした。彼女はすべての窓ガラスが完璧に磨かれていなければ、始業の準備ができたとは思わなかった。彼女は自らすべてを掃除することに大きな満足を見出していた。私がハンプトンに在学している間、毎年彼女はそうしていた。

教育も社会的地位もある彼女ほどの女性が、不運な人種の向上を助けるためにこのような奉仕をどうして喜んで行なうことができるのか、当時私には理解できなかった。それを理解して以後、南部の黒人学校の中で労働の尊さを教えない学校を見つけると、私は容赦することができない。

用務員として働く時以外、私はすべての時間を使って、必死に勉強した。できればクラスの中でよい成績を収めて「優等生名簿」に載せられ、卒業式にスピーチをすると固く心に誓っていた。実際その通りになった。私がハンプトンでの課程を修了したのは、一八七五年六月だった。ハンプトン学院での生活から得た最大の恩恵は次ぎの二点に要約される。

第一に、偉大な人物Ｓ・Ｃ・アームストロング将軍との出会いだった。繰り返し述べるが、彼は私がこれまでに会う栄誉に与った人の中でも最も高潔で信念が固く、最も麗しい人物だと私は思う。

第二に、ハンプトンに来て初めて、私は個々の人に対して教育から何を期待すべきかを知った。ハンプトンに行く前には、私は同胞たちと同じ考え方をしていた。教育を得ることとは肉体労働から解放され、楽で良い生活ができることを意味すると思っていた。だがハンプトンで労働は卑しいことではないと知ったばかりではなく、労働を愛することを学んだ。労働を愛するのは、単に経済的価値があるからではなく、労働そのもののため、世界で必要とされていることをする能力がもたらす独立と自助の精神のためだった。この学校で無私の精神を持って生きるとはどういうことかを初めて味わった。また最も幸福な人とは、他人を有益で幸せな人にするために最善を尽くす人だということを初めて知った。

卒業した時、私は全くの無一文だった。ハンプトンの何人かの学生と共に、コネチカット州の夏季ホテルでレストランのウエイターの仕事にありついた。そこに行くお金もなんとか借りた。働き始めてすぐに、私はホテルのウエイターの仕事についてほとんど何も知らないことに気づいた。しかしウエイター頭は私が経験豊かなウエイターだと思い込んだ。金がありそうで身なりも立派な四～五人のテーブルの世話が私に任せられた。私がサービスの仕方を何も知らないことが明らかになり、テーブルの客は酷く私を叱りつけた。私は震え上がり、客に食事も出さないままテーブルを離れてしまった。その結果、私はウエイターの役から皿を片付ける役に格下げされた。

私はウエイターの仕事を学んでみせると心に誓った。数週間の内にやり方を学び、ウエイターの仕事に戻してもらった。その後、これまでに何回もこのホテルの客として泊まりに来ている。

夏季ホテルのシーズンが終りモールデンの故郷に戻ると、私はそこの黒人学校の教師に選ばれた。こうして私の人生において最も幸せな一時期が始まった。いよいよ故郷の人々の生活向上のために援助をする機会が与えられたと感じた。故郷の若者に必要とされる教育は単に書物によるものではないと、最初から私は考えていた。私は仕事を朝八時に始めたが、大抵夜一〇時にならないと終らなかった。通常の授業科目のほかに、髪の毛を梳かすこと、手や顔および衣服の清潔を保つことを生徒たちに教えた。特に歯ブラシの使用と入浴の習慣を教えることを重視した。教育に携わるようになって歯ブラシの効用を注意深く見守ってきたが、これほど多くの影響を与える事柄は文明生活上他にはないと確信するに至った。

町には昼間働かなければならないが、なんらかの教育の機会を得たいと渇望している多くの少年少女や成人男女がいた。私はすぐ夜学校を開いた。最初から夜学校は毎晩満員で、私が教える昼間の学校ほどの規模になった。五〇歳を越えた成人男女の場合、彼らの学ぶ努力は涙ぐましいものだった。

私の手がけた仕事は、昼間の学校と夜学校だけには終らなかった。小さい読書室を設け、ディベートクラブを立ち上げた。日曜日には二つの日曜学校で——一つはモールデン町内で午後に、一つはモールデンから三マイル〔五キロ〕の距離のところで午前に——教えた。さらに数人の若者をハンプトン学院に送るため、個人教授も行なった。謝礼の有無に関わらず、また謝礼のことは考慮に入れず、私は学びたいと思う者には誰にでも教えられる限りのことを教えた。他の人を助ける機会が与えられて私は最高に幸せだった。私は公立学校の教師だったので、公費から小額ではあったが給料を得ていた。

私がハンプトンの学生だった期間、私の兄ジョンは私のためにできる限りの援助をしてくれたばかりでなく、家族を支えるため炭鉱でずっと働き続けた。私を援助するため自分自身の教育を喜んで犠牲にしていた。兄がハンプトンに入学できるよう、勉強を手伝い、学費を貯めることが私の熱い願いだった。この二つの目的を首尾よく達成することができた。兄はハンプトンに入学し、三年間で卒業した。今ではタスキーギ学院職業訓練部門の部長として重要な働きをしている。兄がハンプトンから戻ると、今度は二人の努力と貯金で、養子の弟ジェームズをハンプトン学院に送った。ジェームズもハンプトン学院を卒業し、今はタスキーギ学院の郵便局長をしている。モールデンで教えて二年目の一八七七年も私は初年度と同様に働いた。

「クー・クラックス・クラン〔KKK〕」の活動が最盛期を迎えたのは、私がモールデンにいる頃だった。ＫＫＫは黒人の行動を制限するために集まっている人々の結社で、特に黒人が政治活動に影響を及ぼすのを妨げることを目的に掲げていた。ＫＫＫは、私が奴隷でまだ幼かった時期によく耳にしていた「警備隊」と言われる者たちと似通っていた。「警備隊」は大抵若い白人男性の集団で、彼らの組織は奴隷の行動を制限することを目的としていた。夜に奴隷たちが通行許可書を持たないで農場間を移動するのを取り締まり、黒人が許可を受けず白人の立会いのない集会を持つことを妨げた。

ＫＫＫも「警備隊」のようにほとんど夜間に行動した。しかしながら、彼らは「警備隊」よりももっと残酷だった。彼らの主な目的は黒人の政治的野心を砕くことだったが、それに留まらず学校の校舎や教会に放火し、多くの罪なき人々を苦しめた。この時期に彼らによって命を落とした黒人は少なくない。

これらの無法者集団の暴力行為は若かった私に大きな影響を与えた。モールデンの野外で黒人集団と白人集団が争っているのを一度見た。それぞれの集団に百人近い人がいたに違いない。双方に多くの重傷者が出た。その中にはヴァイオラ・ラフナー夫人の夫であるルイス・ラフナー将軍もいた。ラフナー将軍は黒人を守ろうとして攻撃を受け、障害が残るほどの重傷を負った。人種間のこの争いを見て、この国の人々に希望はないように私には思えた。ＫＫＫの時代は戦後再建期の中でも最も暗い時期だったと思う。

南部の歴史の中のこの不愉快な部分を持ち出したのは、ＫＫＫの時代から今日までにどれほど大きな変化が起こったかを強調するためである。今日の南部にはそのような暴力組織はないし、そのような組織があったことすら双方の人種からほとんど忘れ去られている。今日そのような組織の存在を許すような市民感情は南部にはほとんどない。

第5章　戦後再建期

一八六七年から一八七八年までを戦後再建期と呼んでいいと思う。(6) これは私がハンプトンの学生として、またウエストヴァージニアで教師として過ごした時期にあたる。再建期全体を通して、黒人全員ではないにしても大部分の黒人の心に熱く燃える二つの思いがあった。一つはギリシア語やラテン語を学ぶこと、もう一つは官職に就くことだった。

何世代にもわたって奴隷として過ごし、奴隷世代の前には野蛮な暗闇に過ごした人々に、教育とは何であるかについて適切な考え方を初めから期待することはできなかった。再建期には南部のあらゆる地域で、昼も夜も、学校という学校はあらゆる年齢、あらゆる状況の人々で溢れかえっていた。六〇代、七〇代の者もいた。教育を受けようという望みは最も賞賛に値いするし、奨励すべきことである。しかし教育を少し受けるだけで、世の中のほとんどの困難から解放され、肉体労働をせずに暮らせるという考えが蔓延していた。たとえ僅かでもギリシア語やラテン語を知っていれば、非常に高級な人間になることが出来、ほとんど超自然的存在になると思われていた。外国語を少し知っているという黒人に私が初めて会った時、彼がすべての人の羨望の的であるという印象を受けたのを思い出す。

自然な成り行きとして、黒人のなかで少しでも教育を受けた者の多くは、教師や牧師になった。この二つの職についた者のなかには、優秀で誠実な信仰深い男性や女性も多くいたが、生計をたてる安易な道として教師や牧師になった者がほとんどだった。自分の名前をやっと書ける程度の教師も多かった。そのような類の一人が、教師の仕事を探しに私たちの町にやってきた。地球の形についての質問が出て、彼がこのテーマについてどのように教えるかを聞くことになった。彼の答えは、地球が平らであるか丸いかは、校長の意向に添ってどちらの立場でも教える用意があるというものだった。

安易な風潮で一番悪い影響を受けたのは、牧師職だった。今はずっとよくなっているとはいえ、未だにその名残は残っている。それは牧師になる者が単に無知だっただけでなく、「神から召命を受けた」と自称する不道徳な者が多くいたからである。解放宣言が出されてからしばらくは、文字を学習した黒人男性のおよそすべてが、学習を始めて数日で「召命を受ける」という有様だった。ウエストヴァージニア州にある私の故郷で、牧師への召命に至る過程はおもしろいものだった。人が召命を受けるのは、たいてい、その人が教会にいるときだった。何の前触れもなく、その人は銃で撃たれたかのように床に倒れ、身動きもせず言葉も発せずに何時間も横たわる。そのうちに近所の住民の間に、この人物が「召命」を受けたという話が広がる。彼が「召命」に抵抗しようとすると二度も三度も倒れる。そのようにしてたいていの場合、ついに彼は「召命」を受けることになる。私が青年時代に読み書きがうまくできるようになったとき、このような「召命」が私にも来るのではないかと怖れていたことを、今告白する。しかし、なぜか私に召命は来なかった。

何らかの教育を受けた説教者のほかに、全く無知な説教者もしくは「伝道者」がいた。それらすべてを入れると牧師の数が多くなる。それは誰が見ても明らかだった。少し前のことであるが、教会に集う人々が二〇〇名で、そのうち一八名が牧師と呼ばれていた教会を私は知っている。ただし繰り返して言うが、現在南部の多くの地域では、牧師の質は改善されてきている。これから二〇~三〇年もすれば、その地位に相応しくない者の大半が姿を消していくことになるだろうと私は確信している。喜ばしいことに「召命」の件数は現在では以前よりも減っている。そして、実業分野へ召される者の数が増えている。教師の質に関しては、牧師の場合よりもいっそうの改善が進んでいる。

戦後再建期全体にわたって、南部全体の黒人が、まるで母親に頼る子どものように、すべての面で連邦政府に援助を求めた。これは不当なことではなかった。中央政府が黒人に自由を与えたのであるし、過去二世紀以上にわたってニグロの労働によって国全体が恩恵を受けて来たからである。解放当時、各州政府は黒人の教育全般に関していろいろな対策を講じた。しかし中央政府が何の対策も講じなかったことは非常な過ちだったという思いを、私は若い頃はもちろんであるが、大人になってからも抱いてきた。黒人は教育を受けることによって国民としての義務をよりよく果たすことができるようになると思ったからである。

過去の過ちを責め、ああすべきだった、こうすべきだったと言うことは簡単である。当局は置かれた状況の中でできることはすべてやったと言えるかも知れない。それでも、解放から今日までの全期間を見て、ある一つのことがなされれば良かったのにと思う。それは参政権を行使するための資格を定めることである。一定の教育を受けていること、一定の資産を所有することのどちらか、あるいは両方を条件とすべきだったと思う。ただしそれは白人にも黒人にも公平に適用されなければならない。

戦後再建期に私は若者に過ぎなかったが、間違った政治が行われていると感じていた。当時の政治がそのまま何時までも続けられるわけがないと思っていた。再建期の政策は私の黒人同胞に関する限り、表面的であり、強制的なもので、政策の土台が間違っていると思った。黒人が無知であることを白人が公職に就くための言い訳にすることも多かった。また南部の白人を罰するために、彼らを差し置いてニグロを無理やり任命する北部の白人たちもいた。そのために苦しむのはニグロだと私は思った。その上、政治的扇動者たちは、自分の職業技能を磨くために訓練を受けることや土地財産を確保することなどの、身近で根本的な問題から黒人の目を逸らせた。

私にとって政治家になるという誘惑はとても強く、もう少しでそれに屈するところだった。しかし、手と頭と心を対象とする総合的な教育を通して我が人種の土台づくりを援助し、もっと本質的な貢献をしたいという思いが強かったので政治家にならなかった。州議会や郡の公職に就いていた黒人のなかには、読み書きもできず、教育がないだけでなく、道徳的にも低い人物がいた。少し前のことであるが、南部のある町でレンガ造り二階建ての家の建築が行われているところを通りかかった。二階からレンガ工が「オーイ知事、急いでレンガを持って来い」

と叫んでいるのを聞いた。何度も「知事、早くしろ！　知事、早くしろ！」と言うので好奇心がわいた。「知事」と呼ばれているのは誰なのか聞いてみると、以前に州の副知事を務めていた黒人であることが分かった。

しかし、もちろん再建期に公職についたすべての黒人がその地位に相応しくないというのではなかった。故B・K・ブルース上院議員(7)、ピンチバック知事(8)をはじめその他多くの人々は、強い信念を持った正義感のある有能な人物だった。また北部からの「渡り者」と呼ばれながら公職に任命されたすべての者が尊敬に値しない人物だったわけでもない。ジョージア州元知事ブルロック氏(9)のような高潔で有能な人物も多数いた。

教育もなく政治に何の経験もない黒人はとんでもない間違いを仕出かした。同じような状況にある人なら、誰でもそうなっただろう。南部白人の多くは、今日でもニグロに政治的権利を少しでも行使させれば、再建期に見られたのと同じ間違いを仕出かすと思っている。しかし私はそうは思わない。なぜなら、今日のニグロは三五年前のニグロとは違って、力をつけており知恵も増していて、南部白人たちに白眼視されるような行動をしてはならないことを学びとっているからである。人種問題の究極的解決を政治的にもたらすためには、それぞれの州の選挙法を改正する必要を各州が認識することだと、私はますます確信するようになった。法律は、不正やごまかしを排除し、公明正大を白人黒人双方に求めるものでなければならない。私が南部で日々見聞きしていることから判断すると、その他の解決法では、ニグロにも白人にも連邦全体にとっても公正な解決にはならないし、奴隷制がそうだったように、われわれがいつかそれを償わなければならない罪の負債になると私は確信する。

一八七八年の秋、モールデンの学校で二年間教え、私の二人の兄弟も含めて数人の青年男女もハンプトン学院に入学したので、私はワシントンDCにある学校で数か月勉学をすることにした。[10]私はワシントンに八か月滞在した。そこでの勉学から大きな収穫を得、信念を持つ何人かの男性、女性の知遇を得た。この学校は職業訓練校ではなかった。そこで私はハンプトン学院のように職業訓練に重点がある学校と、職業訓練がなされない学校がもつ教育的影響を比べることができた。多くの場合、この学校の学生はハンプトン学院の学生に比べて金銭的に余裕があり、衣服にしても良いもの、流行のものを着ていた。また、学生のなかにはハンプトン学院の学生よりも知的に優れたものもいた。ハンプトンでは授業料について学校が生徒のためにスポンサーを確保する責任を持っていたが、寮費、食費、衣服代や本などは男女とも自分で働くか、あるいは自分の蓄えによって払うことになっていた。ハンプトンでは、学生の大半は生活費を他人に負担してもらっていた。ワシントンのこの学校では、学生は自活する努力をするのが常だった。この努力は人格形成に大きな意味を持った。ワシントンの学校では、学生が自立の精神に欠けているように見えた。学生は単に外見だけに関心を払っているように見えた。一言で言えば、ここの学生はハンプトンの学生と違って、真面目でしっかりとした土台を持たずに人生を始めているように思われた。彼らは卒業時にラテン語やギリシア語をよく知っているかもしれないが、故郷に帰って出くわすことになる生活とか状況についてはあまり知識がないように見えた。快適な環境のただ中に数年間生活してから、快適とは程遠い南部の田舎に戻って自分の同胞のために尽くそうという気持ちはハンプトンの学生より弱かった。ここの学生はむしろホテルのウエイターとか寝台車のボーイを仕事として選ぶ誘惑に陥る傾向にあった。

当時ワシントンは南部からやってきたばかりの黒人で溢れかえっていた。これらの人々の大半は楽な生活ができると考えてワシントンに引き寄せられていた。市の下級役人の地位を確保した者もいたし、多くは連邦政府機関で職を得ようとしていた。当時、黒人下院議員もかなりいたし、そのなかには信念のある有能な者もいた。黒人上院議員は一人いて、それがB・K・ブルース閣下〔注7参照〕だった。これらの事すべてがワシントンを黒人にとって魅力的な場所にしていた。その上、ワシントンでは黒人であってもいつでも法の保護を受けられることが知られていた。当時ワシントンの公立学校では、黒人が他のどんな地域よりもいい教育を受けられた。私はワシントンにいる同胞の生活に関心を持ち、注意深く観察した。国民として立派に生活する黒人も多くいたが、大多数の者の浅薄な生活態度に私は危機感を覚えた。週四ドルに満たない収入しかない若者たちが、日曜日には馬車を乗り回し、ペンシルヴェニア通りを行ったり来たりして、自分たちは何千ドルもの稼ぎがあると世間に見せびらかそうとしていた。また公職に就いて月に七五ドルから一〇〇ドルの収入を得ている若者たちが、月末には借金を抱えていることも知った。数か月前までは議員だった者が、次の選挙で落選して貧困に転落する姿も見た。大半の者が何につけても政府に頼りきっているように見えた。この種類の者は自分の力で仕事を作り出そうとする気持ちがなく、政府が仕事を作ってくれるのを望んでいた。私は何かの魔法を使って、これら厖大な数の人々を引き連れて田舎に行き、田舎の土――母なる自然という揺らぐこともなく人を騙すこともない土台――に移植したいと、当時から今に至るまでどんなに願ってきたことだろう。土こそ、何かを成し遂げたすべての国、すべての民族が最初の一歩を踏み出したところである。最初は遅々として労苦の多い歩みかもしれないが、それでも、真実な歩みである。

また、ワシントンで洗濯女として生計をたてている母を持つ少女たちを見てきた。これらの少女たちは母親から学んで、拙劣とはいえ洗濯技術を身につけていた。やがてこれらの少女たちは公立学校に入学し、六～八年間在学する。学校を卒業すると、彼女らは高価な衣服や帽子や靴を欲しがる。欲望は増大しているが、欲望をかなえる能力はそれに比例して増大してはいない。一方、この六～八年間の書籍中心の学校教育が少女たちを母親の職業から遠ざけてしまう。その結果多くの少女たちが悪の道に入っていった。これらの少女たちに書籍による教育と同じだけの精神的訓練を与える方がずっと賢明なことであろうと何度も考えた。もちろん、語学であろうと数学であろうと知性に力と教養を与える訓練を私は支持するものであるが、同時に、洗濯技術であれ他の職業技術であれ最新で最良の徹底的な訓練を与えることが賢明なことであるといつも考えていた。

第6章　黒い肌と赤い肌

私がワシントンに行く少し前から、ウェストヴァージニア州では州都をウィーリング市から州の中央部に移そうという議論が持ち上がっていた。三つの都市が州都の候補にあげられ、住民投票によって決められることになった。候補地のなかにチャールストンがあった。これは私の故郷であるモールデンからわずか五マイルほどのところにある。ワシントンの学校を卒業する間際に、チャールストン市の白人で構成される委員会から依頼を受けた。同市に州都を招致する運動に加わって欲しいという。私は驚いたがうれしくも思った。私は州のあちこちを三か月間遊説して回った。チャールストン市は住民投票で勝利し、州都となった。

私はこの遊説活動により演説家として有名になった。政治家になれと多くの人が熱心に勧めたが、私は固辞した。私の同胞にとってより永続的価値を持つ働きをする道があると信じていた。当時も、同胞が最も必要とすることは教育、職業、財産を獲得する土台を築くことだと私は強く思っていた。そして、同胞は政治的な分野で出世を目指すよりもこれらの分野で努力する方が現実的だと考えた。私自身が政治家として成功できるとは思ったが、出世してもそれは自己本位なものに終わり、民衆が土台作りをするのを助けるという私の義務を果たさないことになると思った。

その頃、私の同胞は向上を続け、多くの青年男子は偉大な法律家や議員になることを目指して学校や大学に入学した。音楽の教師になることを目指した女性も多かった。しかし、私は自分の人生の早い時期からあまり変わらないある一つの考えを抱いていた。立派な法律家や議員または音楽教師になる道を整えるためになすべきことがあると考えていた。

当時の状況は、例えて言えば、奴隷制の時代に、ある年配の奴隷がギターを弾けるようになりたいと思うことに似ていた。男はギターを習うため若旦那に頼みにいった。若旦那はその年配の奴隷がギターを弾けるようになるとは思わなかったので、あきらめさせようとして言った。「ジェイクおじさん、教えてあげるけど、初めのレッスンで三ドル、次のレッスンで二ドル、その次のレッスンでは一ドルもらうことにするよ。そして、最後のレッスンは一回二五セントにしてあげる。」

ジェイクおじさんは答えた。「分かりやした、先生。その条件でお願いします。だけど、先生！　その最後のレッスンを最初にしてもらいたいな。」

遊説の役目が終ってから間もなく、私はうれしくもあり驚きもするような依頼を受けた。アームストロング将軍から手紙があり、ハンプトン学院の次の卒業式で「同窓生講演」を行うようにということだった。夢にも思わなかった名誉なことだった。私は講演の準備に念を入れ、最善を尽くした。講演の題を「勝利する力」とした。

この講演のためハンプトンに戻るときに通った道は、六年ほど前にハンプトン学院に入学したいと思って通った道とほとんど同じだったが、今度は全行程を汽車で行くことができた。この道中、私はハンプトンへの最初の旅とこの旅とを比べていた。うぬぼれて言うのではないが、人生の中で、たった五年間がこれほどの変化と志の達成をもたらすことは滅多にないと言っていいと思う。

ハンプトンに着くと、先生方や学生たちから暖かい歓迎を受けた。私がハンプトンを去ってからも、学院が私たち同胞の実際の状況に即して、その必要に応えようと毎年努力を続けているのが分かった。一般教育にも職業教育にも大きな進歩が見られた。学校の教育計画は当時のどんな教育機関も持たないものだった。教育はアームストロング将軍のすばらしい指導力のもとに、当時の私たち同胞の必要に添って学生を援助することだけを目的として進められた。未熟な人種に対する宣教や教育の働きは多くの場合、何百年も前に行われた事例や、はるか遠い国で行われている事例をモデルにしようとする誘惑に陥っているように私には思える。教育の対象となる人々の状況や目標を考慮することなく、一定の教育の型に押し込めようとする誘惑がしばしば起こる。ハンプトン学院にそのような考え方はなかった。

卒業式の日に私が行なった講演は聴衆に喜んでもらえたようだったし、暖かい励ましの言葉を数々いただいた。ウェストヴァージニアに戻り教師の仕事を続けようとしていた矢先、再びアームストロング将軍から手紙を受け取った。驚いたことに、ハンプトン学院の教師となり、勉強もさらに続けてはどうかという誘いだった。すでに述べたことであるが、一八七九年の夏、ウェストヴァージニアで教え始めて間もない頃、私の兄と弟のほか、最も優秀で将来性のある四人を選び、ハンプトン学院に入学させるために特別の指導をした。彼らは入学を許された。それぞれ学力が十分であることが分かり、彼らは上級の学年に入学できた。そのことが評価されて、私がハンプトンに教師として呼び戻されることになったようである。私が受験指導をした学生の一人は現在ボストンで立派な医者として活躍しているサムエルE・コートニー博士であり、ボストンの教育委員会の委員の一人となっている。

その頃、ハンプトンではアームストロング将軍によってアメリカインディアンに対する教育が試みられていた。インディアンが教育を受けるに値する能力を持ち、教育によって何か得るものがあるか否かについて、確信を抱いている者はほとんどなかった。アームストロング将軍は大規模で組織的な試みをしようと心を砕いていた。西部のインディアン保留地から粗野で全くの無知と言ってよい一〇〇人以上のインディアンの若者がハンプトンに連れてこられた。将軍が私に望んだ特別な任務とは、これらインディアンの若者の「寮監」――彼らと共に住み、衣食住の世話をし、躾けをする役――を務めることだった。この任務に魅力も感じたが、ウェストヴァージニアでの仕事に没頭していたので、それを捨て去るのは忍びなかった。しかしやっとの思いで決断した。アームストロング将軍が私に期待しておられることを断ることはできなかった。

ハンプトンでは七五名のインディアンの若者と共に住んだ。寮のなかで、インディアンでないのは私一人だった。この任務をうまくやる自信はなかった。普通のインディアンは自分が白人よりも上であると考えていて、ましてやニグロよりはずっと上だと考えていることを私は知っていた。ニグロは奴隷だったが、インディアンは決して奴隷になろうとは思わなかったからである。奴隷制度があった時代に、インディアン・テリトリーに住む人々は多数の奴隷を所有していた。他方で、ハンプトン学院が赤い肌の人々を教育し訓練する試みなどは失敗に終るに違いないという一般的な雰囲気があった。これらの事情があったので、私は慎重に物事を進めた。私は大きな責任を感じ、この任務を果たそうと固く決心した。短時日のうちに私はインディアンたちの信頼を勝ち取った。それだけでなく、彼らから愛され尊敬されるようになったと言っても過言ではないと思う。私は彼らが他の人間と何ら違わないことを知った。優しくすればよい反応があるし、優しくしなければ、気を損ねた。彼らは私を喜ばせよう、私の気持ちに添おうとして、いつも何かを計画してくれた。彼らにとって最も嫌なことは、長い髪を切れと言われること、伝統的衣服である布をまとうことを禁止されること、それに喫煙を禁止されることだった。それに対し、アメリカの白人たちは、どんな人種であれ、白人の着ている衣服を着、白人の食べ物を食べ、白人の言語を話し、白人の宗教を信じない限りは、文明人だとは考えない。

インディアンは英語の学習では苦労したが、それ以外の職業技術や学科を学ぶことについては、黒人学生もインディアン学生も違いがなかった。黒人学生があらゆることについてインディアン学生を助けようとする意欲を見せたので、私はとてもうれしかった。インディアンはハンプトン学院に入学すべきではないと考える黒人学生もいたが、それは少数だった。黒人学生はインディアン学生と寮で同室になるようにと頼まれれば、いつでも喜んで受け入れ、英会話や行儀作法を教えようとした。

ハンプトンの黒い肌の学生は赤い肌の学生を心から歓迎したが、この例のように、他の人種を一〇〇名も受け入れ歓迎するような白人学生がいる教育施設があっただろうかと考えることがある。私は白人学生たちに次のように言いたいと何度思ったことだろう。他人、つまり自分より不遇な者、文化的に低い者を引き上げる援助をすればするだけ、自分を高めることになるのだと。

かつて、フレデリック・ダグラス氏[11]と話したことを思い出す。ダグラス氏はペンシルヴェニア州を旅行していたとき、他の乗客と同じ乗車賃を払ったにもかかわらず、黒人だという理由で貨物車に移動させられたという。数人の白人がダグラス氏を慰めようとして貨物車に来て、一人が「ダグラスさん、このようにあなたを侮辱するようなことが行なわれ、残念です」と言った。するとダグラス氏は腰掛けていた貨物の箱の上で姿勢を正し、「あの人たちがフレデリック・ダグラスを侮辱したのではありません。私の内なる魂を誰も侮辱することはありません。この扱いによって品位を落としたのは、私ではなく、私に対してこの扱いをした人たちです」と答えたという。

州によっては、列車の席を人種的に差別する法律があった。ある時、黒人と白人を区別するのはいかに難しいかという面白い出来事に遭遇した。

自分の住む地域ではニグロとして通っていた男がいた。しかし彼は色が大変白かったので、見分け方に精通している人でも彼が黒人であることを見抜くのがむずかしいほどだった。この男は黒人専用車両にいた。車掌が彼のところに来たとき、車掌は当惑した。もしこの男がニグロであれば、白人専用車に入れたくはない。同時にもしこの男が白人であれば、ニグロがどうか聞いてこの男を侮辱したくない。車掌は髪の毛、目、鼻、手をよく見てみたが、判断がつかなかった。ついにこの難問を解決するために、車掌は屈み込んで足を覗き込んだ。私は車掌が男の足を見ているのに気づき、「これで分るだろう」と心に思った。私が思った通りに、車掌はすぐにこの乗客がニグロであると判断し、そのまま彼をその車両の乗客とした。私は我が同胞の人数が減らなかった幸運に密かに祝杯をあげた。

真の紳士かどうかを見分ける方法は、自分より恵まれない人種と接するときの様子を観察することだと、私は身をもって体験してきた。このことは、南部の保守的紳士が自分のかつての奴隷やその子ども達に接するときの様子を観察するとはっきりと分かる。

その良い例としてジョージ・ワシントンにまつわる逸話がある。あるとき、ワシントンは道で黒人から帽子をとって礼儀正しく挨拶された。彼も帽子をとって挨拶を返した。これを見ていたワシントンの友人（白人）がワシントンを非難した。ワシントンは答えた。「それでは、恵まれない無知な黒人が私より礼儀正しくてもいいというのですか。」

ハンプトンでインディアン青年たちの責任を負っていたとき、アメリカ社会に厳として存在する奇妙なカースト制度の例を一度ならず経験した。インディアンの青年の一人が病気になったので、彼を西部の保留地に帰さなければならなくなった。彼をワシントンに連れて行き、内務省長官に預け、その受領証を受け取る役目が私に与えられた。私は当時世間のしきたりに疎かった。途中、蒸気船に乗っていたときのことであるが、夕食を知らせるベルが鳴ったが、私は慎重に順番を待ち、ほとんどの乗船客が食事を終えるまで食堂に入らなかった。その後、代金を持って食堂に行くと、係りの男は「インディアンに食事はお出しできますが、あなたにはお出しできません」と丁寧に言った。私とそのインディアンの青年はほとんど同じくらいの肌の色だったので、どんな基準でそのように言われるのか分からなかった。しかし、その男はこの事に関しては知識があるようだった。ワシントンに着いてからは私の名前で予約されたホテルに泊まるようにとハンプトンの上司から言われていた。しかしこのホテルに行くと、ホテルの受付でインディアンを泊めることはできるが私を泊めることはできないと言い渡された。

これと似たようなことがその後も起こった。それは、ある町で今にもリンチ事件になりそうな騒ぎがあった。それは黒い肌の男がその町のホテルに宿泊していたことから始まった。事情を調べた結果、彼がアメリカ旅行中の英語を話せるモロッコ人であることが分かった。この男がアメリカ人ニグロでないことが分かるや否や騒ぎは収まった。しかし人々を怒らせることになった罪のないその男は旅行中、英語を話さないように気をつけるほうがいいと悟った。

インディアンたちと共に一年を過した頃、ハンプトン学院で別の任務が私のために用意された。今振り返ると、その任務は、後に私がタスキーギで仕事をする準備となるようにとの天の配慮だったと思える。教育を受けたいと真剣に願っているにもかかわらず、貧しくて寮費も本代も払えないという理由でハンプトン学院に入学できない黒人青年男女が非常に多くいることが、アームストロング将軍に分かってきた。将軍はハンプトン学院に夜間学校を併設することを思いついた。昼間一〇時間の労働をし、夜二時間学校で勉学するという条件で、青年男女の中で有能な何人かを入学させるという趣旨だった。労働に対して寮費を上回る賃金が支払われるということだった。労働から得られる収入の大部分は学校の会計が預かっておき、学生が一～二年夜間部で勉強した後昼間部に移ったときの寮費として使う基金とするという計画だった。このようにして、学生は学習も職業訓練も始められるし、またその他学校が提供するいろいろな特典も受けることができるという構想だった。

アームストロング将軍は夜間部の責任者にならないかと私に問い合わせてきた。私は引き受けることにした。夜間部の初年度に入学した者は、真面目で志のある一二名の青年男女だった。日中、男性のほとんどは学校の製材所で働き、女性は洗濯場で働いた。どちらの仕事も生易しいものではなかったが、私が教師をしてきたなかで、この学生たちほど私を心から喜ばせてくれた者はいなかった。彼らはすばらしい学生で、仕事をすっかりマスターした。学業にもとても熱心で、終わりのベルが鳴らなければ勉強を終わりにしようとせず、多くの場合、就寝時間を過ぎても勉強を続けさせてほしいと私にせがんだ。

この学生たちは日中の仕事にも夜間の勉学にも非常に熱心だったので、私はこのクラスに「熱血クラス」とあだ名をつけ、このあだ名はたちまち学校中に広まった。夜間部の学生が学業を続ける能力があることが分かると、私は次のような証明書をタイプして渡すことにしていた。

「ジェームズ・スミスはハンプトン学院熱血クラスの学生であり、学業優秀なことを証明する。」

学生たちはこの証明書を非常に喜び、証明書のお陰で夜間部の人気が高まった。数週間の内に夜間部は二五名の学生を抱えるほどに膨れ上がった。これら二五名の男女学生の卒業後の進路にいつも関心を寄せてきたが、彼らは現在南部のほとんどあらゆる場所で有益かつ重要な地位についている。たった一二名で始まったハンプトンの夜間部は、現在学生数が三〇〇〜四〇〇名を擁し、学校の永続的で最も重要な特色のひとつとなっている。

第7章　タスキーギ学院草創の頃

ハンプトン学院でインディアン学寮と夜間部の責任を負っていた頃、私は学院の教師たちの指導を受けて、自分の勉強も続けていた。教師の一人は牧師H・B・フリッセル博士だった。彼は現在のハンプトン学院の学院長であり、アームストロング将軍の後を継いだ人である。

一八八一年の五月、間もなく夜間部の一年目が終ろうとする頃、予想もしなかったことであるが、私の生涯の仕事の始まりとなる機会が訪れた。ある夜いつもの礼拝の後、アームストロング将軍が礼拝堂で次のように話した。アラバマ州のある人々から、その州の小さな町、タスキーギに黒人のための師範学校を創設するので、責任を負う人を誰か推薦してほしいと、依頼の手紙を受け取ったという。依頼した人々はその任務にふさわしい黒人はいないと当然のように考えていたようで、将軍が白人を推薦してくれることを期待しているということだった。翌日、私はアームストロング将軍に呼ばれ彼の執務室に行った。驚いたことに、将軍は私にアラバマ州のその仕事を担うことができると思うかと尋ねた。私は喜んでさせていただきたいと答えた。それで、将軍は問い合わせてきた人々に、白人で思いつく人はいないこと、もし黒人を採用するつもりがあるのなら、推薦できる人が一人いることを手紙にしたためた。手紙の中で、彼は私の名を挙げた。

この件について何の返事もなく数日が過ぎた。少し経ったある夜、礼拝中に郵便配達夫が入ってきてアームストロング将軍に電報を渡した。礼拝の後、将軍は全員の前で、その電報を読んだ。次のような内容の電文だった。「ブッカー・T・ワシントンは適任者なり。すぐに派遣されたし。」

学生と教師の間で喜びの声が上がり、心からの祝いの言葉が私に投げかけられた。私は直ちにタスキーギへ向けて出発する準備を始めた。タスキーギに向かう途中、私の故郷ウェストヴァージニアで数日を過ごした。タスキーギの人口はおよそ二〇〇〇人であり、そのうちの半数は黒人だということが分かった。町は南部の「黒い帯（Black Belt）」と呼ばれるところにあった。タスキーギのある郡全体では、黒人と白人の人口比は三対一で、黒人の方が多かった。隣接する諸郡では、その割合は六対一に近かった。

いままでに何度も「黒い帯」とはどういう意味かと聞かれた。私が知る限りでは、この用語は最初その地方の土の色を表すものだった。そこは黒々とした肥沃な土に厚く覆われた南部の地域で、奴隷を使用することで最大の利益を上げることができる地域である。その結果全国でも最も多くの奴隷がこの地域に連れて来られた。その後、ことに南北戦争以来、この語は政治的な意味だけに使われているようである――すなわち、黒人の人口が白人の人口を上回る地域を指すことになった。

タスキーギに着くまで、建物やすべて必要な備品は整っていてすぐ教え始められるものと思っていた。着いて見ると、がっかりしたことにそのようなものは何も整えられていなかった。しかしどれほど立派な建物や備品にも替えられないものがあった。そこには何百人もの熱心で知識に餓え渇く人々がいた。

タスキーギは学校設立のためには理想的な場所に思えた。周辺にニグロ人口が集中していたし、鉄道本線からは五マイル〔八キロ〕ほど離れていて少し引っ込んだ場所だったが、支線が延びていた。また奴隷制度があった時代から、この町は白人の教育の中心地だった。このことは学校設立のためにさらに有利だった。他の地域では文化的教育的な素養を持つ白人がこれほど多くいなかったからである。この町の黒人は無知ではあったが、概して大都市にいる人々の間に見られる悪い習慣に染まっておらず、健康を損ねてはいなかった。全体として町の人種関係は良好だった。一例を挙げれば、町の一番大きな店で、当時では唯一の金物屋だった店は黒人と白人が二人で経営していた。この共同経営はその白人が死ぬまで続いた。

タスキーギに師範学校を創設するための予算は、私がタスキーギに行く前の年に、ハンプトン学院の教育がなした成果について聞き及んだ黒人が、地域の議員を通して州議会に提出していた。議会では毎年二〇〇〇ドルを支出することが決議された。しかしこの予算は教師の給与に当てられるもので、土地、建物、備品などのためのものではなかった。私の任務は生易しいものではないと思われた。まるで藁も無しにレンガを作れと言われているようなものだった。(12)それでも黒人たちは大喜びで、学校設立のためにあらゆる助力を惜しもうとしなかった。

私の最初の仕事は学校を設立する場所を探すことだった。町中を探し回った結果、黒人メソジスト教会の建物を集会室として借り、その隣りの掘っ立て小屋を校舎として使わせてもらうのが一番適当であるように思われた。小屋も教会もひどく老朽化していて、それ以上悪くなりようがないという有様だった。学校が始まったばかりの頃、建物はひどく傷んでいたので雨が降る毎に雨漏りがした。上級生の一人が勉強を中断して、下級生たちが暗唱するのを私が聞いて回る間、私に傘を差しかけてくれたことを思い出す。また一度ならず、私が朝食をとる間、家主の奥さんが私に傘を差しかけてくれたこともあった。

私がアラバマ州に行った頃、黒人たちは政治に少なからぬ関心を寄せていた。そして、すべての政治問題について、彼らは私を仲間に引き入れようとしていた。彼らはよそ者に対して不信感を持っているようだった。ある男が何回か私に会いに来た。彼は仲間を代表して派遣されて来たようだった。彼は熱心に私を説得しようとした。「わしらが投票する方に先生にも投票してほしいだ。わしらは新聞を読むのはあまりできないが、どちらに投票しなきゃいけないかは分かってる。先生もわしらと同じ方に投票してください。」さらに言うには、「わしらはいつも白人を見張ってるだ。白人がどちらに投票するか分るまで見てるのさ。白人がどちらに投票するか分かったら、わしらはそのちょうど反対に投票するんだ。そうすれば間違いはない。」

喜ぶべきことに、現在では、何であれ白人の言うことに反対するという傾向はほとんどなくなっている。黒人は定見を持つようになり、両人種のために一番益になることを考慮して投票するようになっている。

先に述べたように、私は一八八一年の六月にタスキーギに着いた。最初の月は学校の設立のために時間を費やした。アラバマ州全体を旅して、特に郡部の人々の生活の実態を調査し、学校に入学してほしい階層の人々に学校について宣伝した。ほとんどの場合田舎道を、ラバの引く二輪荷車、四輪荷車で行く旅だった。人々の掘っ立て小屋に寝泊りし、共に食事をした。彼らの農場や学校や教会を見て回った。これらの訪問はほとんどの場合、前もって通知はされなかったので、人々の実際の日常生活を見ることができた。

農園地域では、大抵、家族全員が一つの部屋に寝ていた。家族のほかに親戚の人も寝泊りしていたし、親戚でもない人々が同じ部屋に寝ていることもあった。一度ならず、私のベッドが用意されるまで、もしくは家族が寝てしまうまで、戸外で待たされた。大抵、床か他の人のベッドの脇に、何とか私の寝場所が空けられた。風呂場や洗面所が小屋の中にあることは滅多になく、たいてい庭先に何らかの場所が設けられていた。

人々の日常食は豚肉の脂身とトウモロコシパンだった。私も多くの場合、トウモロコシパンと茹でたササゲ豆だけの食事をした。小屋にはそれしか食べる物がなかった。人々はトウモロコシパンと豚肉の脂身という食事しか思いつかないようだった。どこででも栽培されているあらゆる種類の野菜を自分の小屋の周りで簡単に作ることができるのに、肉や、パンを作るためのトウモロコシ粉を、町の店で高い代金を払って買っていた。彼らの頭には綿花の栽培のことしかないようだった。多くの場合、綿花は小屋の戸口にまで植えられていた。

小屋に六〇ドルもするミシンがあり、一二～一四ドルもする立派な時計があるのを私はよく見かけた。支払いが終っているものもあれば、月賦の支払いが残っているものもあった。ある時そのような小屋で食事をした。四人家族で、私も含めて五人が食卓についたが、フォークは一本しかないのに気づいた。私は一瞬、居心地悪く感じた。食卓の反対側の隅には、六〇ドルの月賦で買ったというオルガンがあった。フォークが一本しかないのに、六〇ドルのオルガン！

多くの場合ミシンは使われていなかったし、時計は不良品なので正確な時を刻んでいなかった――もし正確だったとしても、十中八～九、家族の中に時計を読むことのできる者はいなかった。オルガンにしても、弾ける人がいないので使われることはほとんどなかった。

私が招かれた小屋で家族と共に食卓につくと書いたが、それは私に敬意を表すために行なわれただけで、彼らにとってはいつもと違った慣れない作法であることが明らかに見てとれた。いつもは朝起きると、妻が肉を一切れフライパンに入れ、トウモロコシの粉ダンゴを「平鍋」と呼んでいるものに入れる。それらを火にかけて、一〇～一五分もすると朝食が出来上がる。夫は出来上がったパンと肉をとり、畑に向かって歩きながら食べる。妻は部屋の隅に座り、「平鍋」やフライパンから直接食べることもあれば、皿に入れて食べることもある。子どもたちは庭を走り回りながら、与えられた肉とパンを食べる。それがいつもの食事だった。肉が品薄になる時期には、幼児や体力がなくて畑に出られない子どもに肉を食べる贅沢は許されないことが多かった。

朝食が終ると、一切の家事にかまうことなく、家族全員が綿花畑に向かうのが普通だった。鍬を持てる年齢の子どもは誰でも働かされた。たいてい少なくとも一人の赤ん坊がいたが、赤ん坊は綿花畑の畝の端に寝かされ、母親が自分の畝の作業が終ると赤ん坊の世話をした。昼食や夕食をとる時も朝食と同じ作法だった。

日常生活は、土曜と日曜以外、およそこれと同じことの繰り返しだった。土曜日には少なくとも半日、多くの場合一日中、家族総出で町に出かける。町に行く目的は買い物だったと私は想像する。しかし家族の持っている金でできる買い物といえば、一人一〇分もすれば済んでしまう。それでも家族全員がほとんど一日中町にいて、通りでぶらぶらする。女性なら座ってタバコをふかしたり、嗅ぎタバコを嗅いだりしていた。日曜日には、何か大きな集会に出かけるのが普通だった。少数の例外を除いて、私が訪ねた農村地域では、黒人農家は収穫物を担保にして借金をしていた。黒人農家のほとんどが借金漬けだった。アラバマ州では農村地域の学校は校舎を建てることが出来ず、ほとんどの場合、授業は教会や掘っ立て小屋で行なわれていた。私が視察旅行で見た範囲では、冬季に校舎として使われている建物に暖房の設備がないものは一校に止まらなかった。そこでは屋外で焚き火をし、寒くなると教師も生徒も外に出て温まり、温まると室内に入るということだった。少数の例外はあるが、このような農村部の教師たちは悲しいほどに何の訓練も受けていなかったし、道徳的にも質が悪かった。学校は三か月から五か月を一学期として運営されていた。学校の設備はほとんど皆無に等しく、たまに粗末な黒板が一つ備えられていることもあった。ある校舎――校舎というよりむしろ廃屋に近い小屋――に入った時のことを思い出す。そこでは五人の生徒が一冊の教科書を使って勉強していた。前列に座った二人の間に教科書が置かれ、その後ろの二人は前にいる生徒の肩越しに教科書を覗き込み、最後列に座った五番目の小さな子は前の四人の肩越しに教科書を見ていた。

校舎や教師の質について語ってきたことは、そのまま教会の建物と牧師の質にも当てはまるだろう。

視察旅行をしている期間、私はいろいろ面白い人々に出会った。農村の人々の独特な考え方が現れた事例をひとつ紹介する。私は六〇歳くらいの一人の黒人男性に自分の過去を話してくれと頼んだ。彼はヴァージニア州で生まれて、一八四五年にアラバマ州に売られて来たという。私は何人が一緒に売られたのかと聞いた。自分と弟と三人のラバが売られたので、全部で五人だと彼は答えた。

タスキーギ周辺の農村を一か月間視察して見たことを述べてきたが、これまで述べたような状況には例外的にいくつもの心を励まされる事実もあることを読者諸氏は心に留めて欲しいと思う。見聞したことを率直に語ったのは、その後に起こった目覚しい変化と対照させ、強調したいからである。もちろんタスキーギ学院の働きだけによるのではなく、他の施設の貢献も大きかった。

第8章　馬小屋、鶏小屋での授業

一か月の視察と調査で私が見てきたことは、私をひどく落ち込ませたと告白する。これらの人々を向上させることはとうてい出来そうもないと思われた。私一人が精一杯の努力を傾けても、できることは目標から程遠いものだと思われた。そもそも私にできることが何かあるのか、やる価値があるかと訝った。

黒人たちの実際の生活を一か月間見てきて、私が強く確信した一つのことは、彼らを向上させるためには、当時ニューイングランドで行なわれていた教育をそのまま真似するだけではいけないという事だった。アームストロング将軍がハンプトン学院で始めた教育方法に込められた知恵を、私はこれまで以上に確信した。一か月共に生活をして見てきたような人々の子どもたちに、毎日数時間、教科書を中心とした教育を与えても、それは時間の無駄であると感じた。

タスキーギ町民と話し合い、教会堂とその隣の小屋を校舎として一八八一年七月四日が開校日と決められた。黒人に劣らず白人たちも新しい学校の開校に大きな関心を示し、開校日に向けて熱い議論がされた。この計画に関して白人の間には反感を持つ者もいた。彼らは学校が黒人にとって価値があるのかと疑った。また彼らは学校が人種間のトラブルの原因になることを怖れた。ニグロの教育程度が高まるにつれて、ニグロの経済的価値が下がるのではないかと考える者もいた。彼らは、ニグロは教育を受けた結果、農場を去るかもしれず、自分たちの使用人としてニグロを確保するのがむずかしくなるのではないかと怖れた。

新しい学校を始めることの意義を疑う白人たちは、教育を受けたニグロについてあるイメージ——高帽子をかぶり、まがいものの金縁の眼鏡をかけ、目立つステッキを手に持ち、皮手袋をはめ、しゃれた長靴をはいている等々——つまり浮ついた生活をする人間——を描いていた。黒人を教育すればそうなるとしか彼らには考えられなかった。

この小さな学校の草創期に、またこれまでの一九年間に私は多種多様な困難に遭遇した。苦しみ悩む中で、タスキーギで得た多くの友人の中に常にアドバイスと指導を仰いだ二人の人物がいる。私の仕事が成功したのはこの二人のお陰である。私が彼らに助けを求めて得られなかったことはない。他にも多くの方々がいるなかで理解者の典型としてお名前をあげると、一人は白人で元奴隷所有者のジョージ・Ｗ・キャンベル氏であり、一人は黒人で元奴隷のルイス・アダムス氏である。アームストロング将軍に手紙を書いたのは、この二人だった。

キャンベル氏は商人で銀行家である。彼は教育についてはほとんど経験がなかった。アダムス氏は機械工だった。奴隷だった頃に靴製造、馬具製造、板金の技能を学んだ。彼は一度も学校へ行かなかったが、奴隷の頃に読み書きを覚えた。最初からこの両人は私の教育計画を深く理解してくださり、私の立場に共感し、どんな努力も惜しまずに支えてくださった。学校が経済的に最も厳しい時代に、私の要請に応じて、いつでもキャンベル氏は喜んで力の及ぶ限りのことをしてくださった。タスキーギ学院の学校運営と発展に関するすべてのことについて、私はこの元奴隷所有者と元奴隷の二人から得たものに勝るアドバイスを他の人物から得ることができたとは思わない。

アダムス氏の非凡な精神力の大部分は、彼が奴隷だった頃に身につけた三つの技能を学ぶ過程に備わったものだと思う。今日誰かが南部の町に行き、その地域で一番信頼のおける優れた黒人は誰かと尋ねれば、十中五の割合で、奴隷時代に何かの技能を身につけたニグロのところに連れて行かれることは確かだと思う。

開校の日に三〇人の学生が入学した。教師は私だけだった。学生は男女およそ同数だった。ほとんどの学生は、タスキーギを郡庁所在地とするメイコン郡出身者だった。入学希望者はもっと多かったが、一五歳以上でそれまでに何らかの教育を受けたことがある者に限るという方針だった。この三〇名のほとんどは公立学校の教師であり、年齢が四〇歳近くの者もいた。これらの教師と一緒に彼らの生徒だった者も何人か入学した。面白いことに、テストの結果、生徒の方がその教師よりも上級のクラスに入る例もあった。彼らが何冊もの分厚い本を読んだと言い、難しそうな学科をマスターしたと自称するのを聞くのは興味深いことだった。学科の名称が長ければ長いほど、また読んだ本が厚ければ厚いほど、彼らは自分たちの業績を誇りに思っていた。ある者はラテン語を、また一～二名はギリシア語を学んでいた。それによって、彼らは自分に箔がついていると考えていた。

先に述べた視察旅行の際に私が一番悲しく思ったことの一つをあげてみよう。それは高等学校で学んだことのある若者が、一部屋だけしかない小屋でフランス語文法を勉強していた例である。庭は雑草が生え放題で、部屋も散らかり放題だった。彼の着衣は油で汚れたままだった。

入学したばかりの学生は、文法や数学の長くて複雑な「公式」を覚えるのが好きなようだったが、自分たちの日常生活にその規則を応用しようと考えることはなかった。彼らが話題にしたがり、既に修得したという学科は算数のなかでも「銀行業務と手形割引」だった。しかし、彼ら自身にしても彼らの近所の人にしても、銀行に口座を持っていることはほとんどないということを、私はすぐに知った。学生の名前を登録する作業の中で、私は学生のほとんど誰もが一つかそれ以上のミドルネイムの頭文字を持っているのに気づいた。ジョン・Ｊ・ジョーンズの「Ｊ」は何を表すかと尋ねると、それは「称号」であるとの説明だった。学生のほとんどは、教師としてもっと大きな収入を得るために教育を受けることを望んでいた。

学生たちについてこれらの状況を語ってきたが、彼らほど熱心で意欲のある青年男女を見たことはなかった。何を学ぶべきかと正しい方向を示せば、たちまち、彼らはこぞってそれを学ぶ意欲を見せた。教科に関しては、しっかりとした基礎から始めようと、私は固く決心していた。私にすぐ分かってきたことは、彼らが学んだと称する高級なことに関して、ほとんどの者は生半可な知識しか持ち合わせていなかったことである。地球儀の上でサハラ砂漠や中国の首都がどこにあるかを示すことはできても、女の子たちは食卓でナイフやフォークをどこに置けばよいかが分からなかった。パンや肉の配膳の仕方も知らなかった。

立方根とか「銀行業務と手形割引」を勉強してきたという学生を呼び、まず掛け算を徹底的に修得することが賢明だと説明するために、私は勇気を奮い起こさなければならなかった。

毎週、生徒の数は増えていき、開校一か月後には五〇人ほどになった。しかし多くの者は二〜三か月しか学校にいることができないと言って、上級クラスに入りたがり、できれば一年目に卒業証書をほしいと言った。

開校して六週間経った頃、同僚として卓越した新人教師がきた。それはオリヴィア・A・デイヴィッドソン先生で、後に私の妻となった人である。デイヴィッドソン先生はオハイオ州生まれで、州の公立学校で最初の教育を受けた。まだ小さな少女だった頃に、南部では教師が必要とされていることを聞き、ミシシッピー州に行き、教師となった。後にメンフィス市でも教えた。ミシシッピー州で教えている時、生徒の一人が天然痘にかかった。その地域では誰もが病気を怖れたので、誰もその男の子を看病するものがいなかった。デイヴィッドソン先生は学校を閉鎖し、その男の子の病床に付き添い、彼が全治するまで看護した。また、彼女が休暇でオハイオの家に帰っていた時のこと、テネシー州メンフィスで、黄熱病が南部ではかつてないほどに大流行した。これを聞きつけるとすぐ、彼女はメンフィスの市長に電報を打ち、自分はその病気にかかったこともないのに、黄熱病患者の看護を申し出た。

デイヴィッドソン先生は南部における経験から、人々が必要としているものは単に本から得られる知識ではないことを確信した。彼女はハンプトン学院の教育について聞き、彼女が南部でさらに良い働きをする準備のためにすべきことはハンプトン学院で学ぶことだと思った。ボストンのメアリー・ヘメンウェイ夫人は彼女の類稀な能力に関心を寄せた。ヘメンウェイ夫人の暖かい支援により、デイヴィッドソン先生はハンプトン学院を卒業した後、フレイミングハムのマサチューーセッツ州立師範学校で二年間の訓練を受ける機会を与えられた。

フレイミングハムに彼女が行く前、彼女の肌の色が薄かったので、マサチューーセッツの学校では黒人であることを隠している方が居心地がいいだろうと薦めた人がいた。彼女は間髪いれず、どんな状況にあろうとも自分がどの人種に属するかを偽る心算は毛頭ないと答えた。

フレイミングハムの学校を卒業して間もなく、デイヴィッドソン先生はタスキーギ学院に着任した。彼女は最良の教育方法について数々の貴重で新しい考え方を学院にもたらした。また彼女は道徳的に高貴な性格と全くの無私の生き方を具えていたが、彼女の存在は学院を精神的に高めた。タスキーギ学院の基礎を作り、その働きを成功に導いた人の中で、オリヴィア・A・デイヴィッドソン以上に貢献した人はいなかった。

デイヴィッドソン先生と私は最初に会ったときから、学校の将来に関して相談を始めた。学生たちは書物から良く学び、知的にも進歩していた。しかしここに訓練を受けに来た者たちに永続的な教育効果を与えるためには、単に教科書による教育以上のものを与えなければならないことが明らかだった。学生たちは衛生観念のない家庭から来ていた。彼らはタスキーギ市民の家に下宿していたが、その環境も、少数の例外はあったが、彼らの実家と違わないものだった。学生たちに入浴、歯磨き、衣服の手入れなどを教え、良い食べ物、食事のマナー、部屋の掃除の仕方などを教えたいと思った。また職業訓練をすると共に、勤勉、倹約、経済観念などを教えたかった。そうすれば、彼らは堅実な生活の仕方を身につけた人間になって卒業できる。

教科書による知識だけでなく、実生活に即した学習をさせたいと願った。

ほとんどの学生は農村出身で、主に農業に依存して生活する地域からきていた。メキシコ湾沿いの諸州に住む黒人の八五パーセントは農業を生業としていた。これらの学生たちを、農業に親近感を失って都会に憧れ、浮ついた生活を夢見るような人間にする教育はしたくないと思った。大部分の学生が教師になることを希望していたので、それにふさわしい教育を与えたいと思っていたが、それと同時に、彼らが農村に戻り、農業についても、知的、道徳的、宗教的生活についても、新しいエネルギーと新しい考えをいかに採り入れるかを人々に教えられる人間になってほしいと望んだ。

これらの理想と差し迫った必要がどっと私たちの上に押し寄せてきた。何をなすべきなのか？　私たちに与えられているものといえば、老朽した小さな小屋と使われていない教会堂だけであり、それもタスキーギの黒人たちの好意により貸し与えられたものだった。学生の数は日毎に増していった。学生たちを観察すればするほど、農村の状況を知れば知るほど、私たちの努力は人々の実際に必要とするものにほんのわずかしか応えていないことが分かってきた。学生を教育して指導者として農村に返し、彼らによって農村の人々の生活を向上させたいと私たちは考えた。

アラバマ州の各地から来た学生たちの話を詳しく聞くと、彼らの最大の野心は、教育を受けて肉体労働をしなくてすむようになることであるのが明らかだった。

このことはアラバマ州に住むある黒人男性についての小話からも明らかである。七月のある暑い日、彼は綿花畑で働いていたが、突然立ち止まって空を見上げて「ああ、神さま。綿花はわんさとあって、仕事はきついし、おてんと様は暑くてかなわない。俺はきっと説教するようにと召命を受けているにちがいない」と言ったという。

開校してから三か月ほど経った頃で、私たちが学校の運営について大変悩んでいた時、放棄された昔の農園が売りにだされた。それはタスキーギの町から一マイル〔一・六キロ〕ほどのところにあった。奴隷制時代に奴隷所有者が住んでいた母屋――「お屋敷」と呼ばれていた――は焼失していた。この元農園を注意深く見て廻った結果、私たちの教育を効果的で永続的なものにするために理想的な場所に思われた。

しかし、どうやって手に入れるのか？　価格はわずか――たった五〇〇ドル――だったが、私たちにその金が無かった。私たちはよそ者であるし、金融機関との取引もなかった。土地の所有者は、二五〇ドルを頭金とし、残額を一年以内に支払うという条件で、土地使用を認めた。五〇〇ドルでその土地を買えるなら、安い買物であるが、全くの文無しには大金だった。

私は勇気を奮って、ハンプトン学院の財務担当者であり私の友人であるJ・F・B・マーシャル将軍に手紙を書いて事情を述べ、私個人の責任で二五〇ドルを借り受けたいと願い出た。数日のうちに返事が来た。ハンプトン学院の財産を左右する権限は自分にはないが、自分個人の預金から必要な額を喜んで用立てたいと書かれていた。

そのようなかたちで資金を調達できるとは思ってもみなかったことで、感謝の念で一杯だった。それまで一〇〇ドルの金を手にしたことは一度もなかったので、マーシャル将軍からの借金の額は莫大なものに思えた。そのような莫大な借金を返済する責任が私の上に重くのしかかった。

私はただちに新しく手に入れた農場に学校を移す準備を始めた。当時、そこにあった建物は、以前に食堂として使われていた小屋、古びた台所、馬小屋、古い鶏小屋だった。数週間のうちに、これらのすべての建物が使われることになった。馬小屋は改修されて教室となり、鶏小屋も間もなく同じ目的に利用された。

ある朝、近くに住んでいてよく私の手伝いをしてくれていた年寄りの黒人に、生徒の数が増えたので鶏小屋を教室として使う必要が出てきたと話したときのことを思い出す。次の日に小屋を大掃除するので手伝ってほしいと頼んだ。すると彼は真剣な様子で「旦那さん、昼間にあの鶏小屋を掃除すると言うんじゃないでしょうね」と言った。

学院を新しい土地に移す準備のほとんどは、授業が終ってから午後に生徒によってなされた。小屋が使えるようになったら、ただちに土地を開墾し、作物を植えようと私は決めていた。私がその計画を学生たちに説明すると、彼らがその計画を喜んでいないことが見て取れた。土地の開墾と教育との関係を理解するのが彼らには難しかった。その上、彼らの多くは教師をしていた。土地開墾作業などして自分たちの威厳を保てるものかと疑問を抱いた。彼らの困惑を払拭するため、私は放課後毎日斧を持って森に入った。私が肉体労働を怖れもしなければ恥ともしていないのを見て、彼らも熱心に私を手伝うようになった。毎日午後の時間を開墾に使い、二〇エーカー〔約八万平米〕の土地を開墾して作物を植えつけた。

その間、デイヴィッドソン先生は借金の返済方法を考えていた。最初に試みたことは学院祭あるいは「夕食会」の催しだった。彼女はタスキーギの町で白人にも黒人にも働きかけた。そして、学院祭で販売できるケーキ、鶏肉料理、パン、パイなどを彼らに寄付してもらうことにした。もちろん黒人たちは出せるものは何でも喜んで差し出した。同時に言っておかなければならないことは、私が覚えている限り、デイヴィッドソン先生が頼んだ白人家庭で寄付を断るものは一軒もなかったことである。いろいろなやり方で白人家庭も学院に関心を寄せてくれた。

学院祭が数回開催され、相当のお金が集まった。物ではなく現金の寄付を募る運動も白人、黒人双方を対象にして行なわれたが、多くは小額の寄付だった。奴隷制度の中で若き日を過ごした黒人の老人たちによる寄付には心を動かされた。時には五セント、二五セントの寄付があった。時には献品としてキルト布やサトウキビだったこともある。七〇歳くらいの黒人の老婆が、募金をしている最中に面会に来たことを思い出す。彼女は杖にすがりながらよろよろと、私がいた部屋に入ってきた。彼女はぼろではあったが清潔な服を着ていた。「ワシントンさん、あたしが若い頃奴隷だったことは、神様がご存知でございます。あたしは何も知らないし貧乏でございます」と彼女は言い、さらに続けて「でもあたしには、あなた様とデイヴィッドソン様がなさろうとしていることが分かるんでございます。あなた様らが黒人の青年たちを良い人間に教育してくださろうとしているのが分かるんでございます。お金はございませんが、この六つの卵を受け取っていただきたいのでございます。卵が六つ貯まったんで、これを生徒さんたちの教育のために使っていただきたいのでございます」と話すのだった。

タスキーギの仕事を初めて以来、学院のために多くの寄付をいただく恩恵に浴したが、この老女ほどに私を感激させた人は他にない。

第９章　心配事で眠れぬ日々

アラバマ州に住んだ最初の年のクリスマスがやってくると、人々の実生活をさらに深く知る機会となった。クリスマスが来たと一番初めに思い起こさせるものは、先触れとして「クリスマス・プレゼントをちょうだい」「クリスマス・プレゼント」と言ってドアをノックしてまわってくる子どもたちだった。午前二時から五時の間に五〇人以上がやってきたと思う。南部一帯で今日でも行なわれている風習である。

奴隷制度時代にはクリスマスの時期、一週間あるいは「クリスマス用の薪」が燃え尽きるまで休暇を黒人たちに与える慣習が南部全体に行き渡っていた。黒人の男も時には女も、酒を飲んでいいとされた。タスキーギ周辺の黒人はクリスマスの前日から丸一週間仕事を休むので、新年になるまで何か仕事を頼むということは困難だった。その他の時には強い酒を飲まない者でも、クリスマスの週には自由に飲酒に浸っていいと考えていた。誰もが浮かれ騒ぎ、銃やピストル、火薬が広く使われた。クリスマスの神聖さはほんの一かけらも見受けられなかった。

この最初のクリスマス休暇に、私は町からかなり離れたところの大きな農園を訪れた。全国的にはほとんどの人々にとってクリスマスが神聖で魂にとって大切な行事であるのに、ここでは貧しく無知な人々がこの行事から何とかして楽しみを得ようとしているのを見るのは痛ましいことだった。ある小屋では、五人の子どもたちにキリストの降誕を思い起こさせてくれるものと言えば、分け合って遊ぶ一束の爆竹だけだった。また他の小屋には少なくとも六人の子どもがいたが、前日に店で買った一〇セントのジンジャー・ケーキがあるだけだった。また他の家庭では、数本のサトウキビしかなかった。さらに別な家庭では、安物で質の悪いウイスキーのビンしか見当たらなかった。それを夫と妻が浴びるように飲むのであるが、夫はその地域の牧師だった。他の例では、人々が宣伝用に作られた極彩色のトランプを手に入れ、トランプ遊びに興じている場面もあった。他の家庭では新しいピストルを買う者もいた。大多数の場合、畑で働くのを止め、家でぶらぶらしているのがその徴であるという他に、小屋の中に救い主の降誕を思い起こさせるものは何一つ見られなかった。クリスマスの週の夜には農園の小屋で、「うきうき」と彼らが呼んでいる一種の乱痴気ダンスをして過ごすのが普通だった。ウイスキーがふんだんに飲まれ、銃とか剃刀による傷害事件が起こった。

このようにクリスマスの家庭訪問をしているときに、私は地域に数多くいた牧師の一人である年老いた黒人男性に会った。彼はエデンの園にいたアダムの例をひき、神はすべての労働を呪っておられるのだから、人が働くことは罪であると、私を説得しようとした。これを理由に、彼はできるだけの労働を避けていた。クリスマスの一週間は罪から解放されるので、彼はその時この上もなく幸せそうに見えた。

学校では、学生にクリスマスの意味を教えようと特に努力をし、適切なクリスマスの過ごし方を教えようとした。このことに関してその努力は成功し、タスキーギ近辺だけではなく卒業生が行った地域ではどこでも、クリスマスが今では新しい意味を持つようになったと言っていいと思う。

現在、タスキーギ学院のクリスマスや感謝祭の季節に見られる風景の中でも最も自慢できるものは、特に恵まれていない人々を慰めて喜んでもらおうとする学生や卒業生の無私の美しい行為である。少し前にも、学校の若者たちが七五歳くらいの身寄りのない黒人女性の小屋を建て直すために休日を捧げたことがある。また、ある晩の礼拝で、コートがなくて風邪を引いた貧しい学生のことを私が話すと、次の朝には、二着のコートが私の部屋に届けられていた。

タスキーギの町やその近辺の白人たちが学校を援助したいと思っている気持ちについてすでに話した。最初の時から、私は学校を地域の中に溶け込んだものにしたいと固く決心していた。学校が地域にいきなり降って沸いた存在となり、地域の者にとって関心も責任もない疎遠な学校とならないようにと私は心を砕いた。土地購入の時に地域の人々に寄付を募ったことにより、まるで学校が彼らのものであるかのようにいくらかでも感じ始めてもらえたことに私は気づいた。白人たちに学校が地域生活の一部であると感じてもらうにつれて、また例えばボストンの白人を友人にしたいと願うのと同じようにタスキーギの白人にも友人になってもらいたいと願うにつれて、そして地域全体の人々に尽くす学校にしたいと願うにつれて、学校に対する地域の人々の態度は好意的なものになっていくことに気づいた。

後でも示したいと思っているがここでつけ加えたいことは、現在のタスキーギ学院が、南部全体とアラバマ州全域そしてタスキーギの白人町民の間に、他のどこにも見られないような暖かく熱心な気持ちで支援してくれる友人を得ていることである。白人であれ黒人であれ、自分の近隣の人と率直で堂々とした態度で友人になるようにと、私は最初から南部の人々にアドバイスしてきた。また、投票に関しても、原則を曲げずに、できる限り地域の利益を考え、友人と相談するようにとアドバイスしてきた。

農地購入に必要な額を確保するための運動が、数か月間に渡って休みなく続けられた。三か月後には、マーシャル将軍に返金する二五〇ドルが確保できた。さらに二か月後には、必要な五〇〇ドル全額が確保でき、一〇〇エーカー〔約四〇万平米〕の土地の証書を手に入れることができた。大きな満足感が私たちを満たした。学校のために永続的な場所が確保できたという喜びだけではなく、土地を確保するための資金の大部分はタスキーギの白人と黒人の町民から得られたという満足感があった。この資金の大半は学校祭やコンサートを開催することにより、また個人による小額の寄付金によって集められたものだった。

私たちの次ぎの努力は、土地の開拓を進めて、土地から産物を得ることに向けられた。また同時にそれは学生に農業の訓練を与えることも意味していた。タスキーギ学院の職業訓練は共同生活の必要から生まれ、自然で理に適った順番で進められてきた。食べる必要があったので、農業から出発したのである。

学生の多くは続けて数週間くらいしか学校に出席できなかった。それは貧しくて寮費を払えなかったからである。そのため、学校で職業訓練を始めるもう一つの目的として、学生が学内の仕事で収入を得るのを助ける手段として職業訓練をし、その収入によって学生が九か月に及ぶ一学年の勉学の期間、学校に留まることができるようにすることがあった。

学校が所有することになった最初の動物は、タスキーギの白人町民の一人がくれた一頭の目が見えない年老いた馬だった。ここでつけ加えてみたいが、現在の学校が所有する動物は、馬、子馬、ラバ、牝牛、子牛、牡牛が合わせて二〇〇頭以上、豚と子豚がおよそ七〇〇頭、それに多くの羊と山羊である。

学校は生徒の数が絶え間なく増え続けるので、敷地の代金を払い終えて土地の開墾が始まり、その敷地にあった古い小屋がなんとか修理できると、私たちの目標を、大きくてしっかりとした校舎を準備することに向けた。その問題について十分考えを練った後、およそ六〇〇〇ドルかかると思われる校舎の建設計画を立てた。これは莫大な金額に思われたが、私たちは学校が後退するか前進するかのどちらかでなければならないと考えた。また私たちの教育の仕事は学生たちの生活指導もできなければ意味がないと考えた。

この時期に私を喜ばせると共に驚かせる一つの出来事が起こった。私たちが大きい新校舎について計画を煉っていることが町に知れ渡ると、タスキーギからほど遠くないところで製材所を経営している南部の白人男性が一人やってきて、建物に必要な木材すべてを喜んで提供しようと申し出た。支払いは資金が確保できてから必ず払うという口約束だけでいいという。私は彼に、私たちの手元にはそれに必要な一ドルもないと率直に告げた。それにもかかわらず、彼は敷地に材木を運びこむことを許可してほしいと言い張った。その費用の一部が調達できてから、私たちは彼にその許可を与えた。

デイヴィッドソン先生は今回もまた、新校舎建設のためにタスキーギ町内と近辺の白人と黒人から小額の寄付金を募る運動をいろいろな方法で始めた。新校舎の建設を、これらの黒人ほどに喜ぶ人々のいる地域を見たことがないと私は思う。ある日私たちが新校舎建設のために会議をしている最中、戦前生まれの一人の年老いた黒人が一二マイル〔約一九キロ〕離れた所からやってきて、自分の牛車に大きな豚を乗せてきた。会議の進行中に彼はそこにいる人々の間に立ち上がり、寄付するお金はないが、立派な豚を二頭飼育したので、一頭を校舎建設費用として寄贈したいと申し出た。「俺らの人種を愛して自尊心を抱くような者なら誰でも次の会議に豚を一頭捧げることでございましょう」と言ってその発言を終えた。校舎建設に当たっては、地域の非常に多くの人々が数日間作業をすることを申し出た。

タスキーギで得られるだけの寄付を確保してから、デイヴィッドソン先生はさらに必要な資金を確保するため、北部に行くことにした。何週間もかけて、彼女は北部の教会や教会学校やその他の団体の前で話したり、個人的な訪問をしたりした。この仕事はつらいものであり、きまり悪い思いをすることが多いものだった。学校は知名度がなかったが、彼女が北部の心ある人々の信用を得るまでに、長くはかからなかった。

北部の人からの最初の寄付は、デイヴィッドソン先生が北部に行く時に乗っていた船で会ったニューヨークの婦人から得られた。二人が話しているうちに、その北部の婦人はタスキーギでなされている努力に関心を持ち、二人が別れる前に、五〇ドルの小切手がデイヴィッドソン先生に渡された。私たちが結婚する前も結婚した後も、デイヴィッドソン先生は北部でも南部でも、訪問や手紙を通して人々の関心を呼び起こし資金を確保する働きを続けた。それと同時に彼女は、女性校長として教師としてタスキーギでの責任も担い続けた。これに加え、彼女はタスキーギ周辺の大人のためにも力を尽くしたし、町の日曜学校でも教えた。彼女は決して強健な身体の持ち主ではなかったが、彼女が大切に思う事柄には持っている力のすべてを捧げない限り幸せとは感じないように見えた。タスキーギ学院の教育について人々の関心を寄せてもらうために家から家を歩き回って日中を過ごした夜には、着替えができないほどに疲れきっていることが多かった。ボストンで彼女が訪ねた一人の婦人は後で次のような逸話を伝えてくれた。デイヴィッドソン先生が会いたいと訪ねて来て名刺を秘書に渡したが、その婦人が少し手間取ってから応接室に会いに出てくると、デイヴィッドソン先生は疲れ果ててそこで眠り込んでいたという。

最初の校舎は多額の建設資金の寄付を捧げてくれたニューヨーク市ブルックリンのA・H・ポーター氏に因んでポーター・ホールと名づけられたが、建設中の資金調達は困難を極めた。一人の債権者にはある期日までに四〇〇ドルを支払うと約束していた。手元には期日の朝になっても一ドルもなかった。午前一〇時に郵便が届き、そこにはデイヴィッドソン先生から送られたかっきり四〇〇ドルの小切手が入っていた。これに似たことが何回もあり、その例は枚挙にいとまがないほどである。この四〇〇ドルはボストンの二人の婦人から寄付されたものだった。二年後、タスキーギ学院がさらに大きくなり、資金不足となり学校の将来が危ぶまれ悲観的に見えた時期の只中にも、この二人のボストンの婦人が六〇〇〇ドルを送金してくれた。その寄付が私たちに与えた驚きと勇気について述べる言葉がないほどである。ここにつけ加えた方がいいと思うが、この二人の友人は一四年間に渡って、六〇〇〇ドルの寄付を毎年送ってくれている。

新校舎の建設計画が立つとすぐに、学生たちは放課後の時間に、建物の土台が置かれる場所の土に鍬を入れ始めた。一人の学生が「教育を受けるということは、肉体労働をしなくてすむということだ」と言っていたように、肉体労働は自分たちには相応しくないという入学以来の考えを彼らはすっかり克服していなかった。しかしながら喜ばしいことに、肉体労働を厭わない気持ちが育ってきていた。懸命に汗を流した結果、数週間で基礎工事が終った。そして、定礎式の日程が決まった。

この定礎式がアメリカの中でも奴隷制度が盛隆を極めた「黒い帯」と呼ばれる南部の中心地で行なわれるということ、しかも奴隷制度の廃止から一六年しか経っていないときであり、ほんの一六年前にはニグロが文字を習うならば教える者は法律や世論で咎められるのが普通だったこと——これらすべてのことを考慮すると、この春の日タスキーギ学院において多くの人の目の前で行なわれたことは、すばらしい光景だった。このようなすばらしいことが実現した場所は世界中のどこにもないと私は思う。

郡の教育長であるワディ・トンプソン閣下が祝賀演説をした。礎石の周りには、教師、学生、学生の両親と友人、郡の役人（白人）、近隣の白人有力者、そしてほんの数年前まではこれらの白人が奴隷として所有していた多くの黒人男女が集まった。どちらの人種に属する者も、礎石の下に記念品を入れる特権に与りたいと願っていた。

その校舎が完成するまでには、なお試練の時を通過しなければならなかった。資金が無く請求書の期日までに支払えないことが度々あり、血の出るような思いをした。資金の調達の当ても無いのに、何か月にも渡って校舎を建て学校設備を整えていくという経験をした人でなければ、私たちが味わった困難のすべては理解できないだろう。タスキーギ学院の初期、資金工面についての心配と不安で、毎晩ベッドに寝返りを打ち、眠れない夜を過ごしたことを思い出す。これはニグロが大きな学校施設を建設しその経営をすることなどできるのかというテストであり、実験であると私は理解していた。もし失敗すれば、黒人全体の汚名となると考えた。人々の予想は私たちに味方するものではなかった。もし白人が同じことをしようとすれば、成功は当たり前のこととされたであろうが、私たちの場合は、成功すれば人々は意外なこととして受け取るであろうと思った。こういう思いのすべてが重荷となり、一インチ四方に一〇〇〇ポンドの重さが私たちの上にのしかかるように思えた。

しかしながら、このすべての心配事と困難の最中に、タスキーギ町の白人であれ黒人であれ、力を貸してほしいという私の求めに応じて、それぞれの持っている力に応じて助けてくれなかったことはない。十数回以上も経験したことだが、何百ドルもの支払いが滞ってしまうことがあった。私はタスキーギの白人に借金を申し込んだが、たいていの場合、数人からそれぞれ少しずつ借金した。学校経営の最初から固く決心していた一つの事は、学校の信用を落とさないということだった。自慢するわけではないが、これまでの年月この事を実行してきたと言えると思う。

私が前に述べた白人で、アームストロング将軍に手紙を書き私がタスキーギに派遣されるきっかけを作ったジョージ・W・キャンベル氏のアドバイスをいつも思い出す。私がこの仕事に就いて間もなく、彼は父親のような態度で、「ワシントンさん、信用は財産だということをいつも心に留めなさい」と私に言った。

私たちが経験した中でも最大の危機に陥ったある時、私はアームストロング将軍に状況を正直に説明した。彼はためらうことなく、自分の個人の預金全額に当たる小切手を私に渡した。このようにしてアームストロング将軍がタスキーギ学院を助けてくれたことはこの時だけではない。これまでこの事実を公にしたことはないと思う。

学校の初年度が終った一八八二年の夏、私はウエストヴァージニア州モールデン出身のファニー・N・スミスと結婚した。秋の初めにはタスキーギで一軒の家を持つことになった。この家がその時には四名に増えていた教師達の住居となった。私の妻もハンプトン学院の卒業生だった。学校のためにいつも誠心誠意尽くすと共に、家事の責任も負ってくれたが、私の妻は一八八四年の五月に亡くなった。私たちの間には一粒種のポーシャ・M・ワシントンが生まれた。

最初から私の妻は学校のために自分の思いと時間を惜しみなく捧げてくれた。彼女の関心と希望はすべて私と一つだった。しかしながら、学校が目指すものになるのを見る前に、彼女はこの世を去った。

第10章　立ちはだかる困難

タスキーギ開校の当初から、私は学生に農業や家事だけでなく、自分たちの使う建物の建築にも携わらせたいと考えていた。労働により最新で最良の技術を学生の身につけさせながら、学校が恩恵を被るだけでなく、学生自身に労働が有用であると同時に美しく尊厳のある行為であると教えることになるだろうというのが、私のねらいだった。労働を単に骨の折れる辛いものから引き上げ、労働それ自体を楽しむことを学んでほしいと思っていた。私のねらいは昔からの旧式の労働方法を教えることでなく、自然の中に存在する力――空気、水、蒸気、電気、馬力――を労働に活用する方法を教えることだった。

多くの人々は初め、学生の労働で校舎を建てる試みに反対の意見だった。しかし私はその計画にこだわった。その計画の妥当性について疑う人々に対して、私は次のように話した。「外部の熟練者が建てるもののように、出来上がりが完璧でもないし居心地も悪いかもしれないことは十分承知の上である。しかし、文明技術、自助の精神、独立独歩を教えることで、学生の手による校舎の建設は心地よさや立派な出来映えがなくても、それを補うに余りあるものを学生にもたらす。」

この計画の妥当性を疑う人々に対して次のようにも言った。「私たちの学生の大部分は、綿花、サトウキビ、米などの農場の掘っ立て小屋に住む南部の貧困家庭から来ている。立派な校舎にすぐに入れるなら、学生は喜ぶことは分かっている。しかし自分たちの使う校舎の建設を教えれば、もっとゆっくりとした自然に添った段階を踏ませることになるだろう。さまざまな失敗はあるだろうが、失敗を通して将来への貴重な教訓を教えることになるだろう。」

現在までにタスキーギ学院は一九年間続いてきたが、その間ずっと校舎は学生の労働によって建設するという方針が貫かれてきた。これまでに大きいものも小さいものも数えると合計四〇の校舎が建設され、その中の四つ以外はすべて学生の手によるものである。これに伴う結果として、建築方法を学ぶと共に様々な技術を学んだ何百という卒業生が南部全体に散らばっていった。技術と知識がこのようにして一握りの学生から次の学生に伝えられ、今ではどんな様式でどんな大きさの建物であれ、設計から電気工事に至るまで一人の職人も煩わすことなく、工事全体が教師と学生によって進められている。

新入生が鉛筆やナイフで校舎に傷をつけようとすると、先輩の学生がこのように注意しているのを一度ならずして耳にした。「それはいけません。これはみんなの校舎ですよ。私も協力して建てたものです。」

学校の初期の頃、一番大変だったことはレンガ作りだった。農場の仕事が軌道に乗り始めるとすぐ、私たちはレンガ作りの技術に次の目標を置いた。この技術が私たち自身の校舎建設に必要だっただけでなく、他の理由もあった。町にはどこにもレンガ工房がなかった。自分たち自身の必要のほかに、町の一般市場でレンガの需要があった。

私は「イスラエルの人々」が藁も与えられずにレンガを作らなければならなかったことにいつも同情を覚えた。[12]しかし私たちの場合はレンガ作りに関して資金と経験が不足していた。

先ず、仕事はきつく汚かった。学生に手伝わせるのは難しいことだった。ことレンガ作りについては、文字学習に比べて肉体労働を嫌う気持ちを特に露わに見せた。何時間も泥に膝まで埋まるような作業場に立っているのは誰にとっても気持ちのいいことではなかった。嫌気がさして、一人ならずの学生が学校を辞めた。

レンガ用の粘土を採取する場所を決めるまでに数箇所試した。レンガ作りは非常に簡単だと思い込んでいたが、苦い経験を通して、すぐにこれは特殊技能と知識が必要とされる作業だと気づいた。特に、レンガを焼くことが難しかった。苦労して二万五千個ほどのレンガを粘土で成型した。それを炉に入れたのであるが、炉がうまく機能しなかった。炉の作り方が悪く燃焼力が足りなかった。それで、すぐに二つ目の炉を作ったが、これもなぜか失敗に終った。炉がうまく行かなかったことで、学生はレンガ作りにいっそう意欲を失った。しかしながら、ハンプトンにあるレンガ工房で訓練を受けたことのある数人の教師が参加してくれ、三つ目の炉が完成しレンガを焼く準備ができた。レンガ焼きには一週間を要した。一週間が終わりに近づき、数時間後には何千というレンガが出来上がると思われた時、真夜中に炉が崩れた。三回目も失敗に終ったのだった。

この最後の炉が失敗に終ったとき、私の手元にはもう一度試みるだけの資金が一ドルも残っていなかった。大部分の教師がレンガ作りは止めたほうがいいと意見を述べた。この難局の最中に、数年前から私が持っていた一つの懐中時計のことが私の頭に浮かんだ。この時計を持って少し離れたモントゴメリ市に私は出かけ、質に入れた。そして一五ドルの現金を手に入れ、それでレンガ作りを改めて試みることにした。タスキーギに戻り、志気を失い落ち込んでいる者を鼓舞して、その一五ドルで第四回目の試みを始めた。うれしいことに今回はうまく行った。時計を質から出す期限が来ても手元には資金がなかったので、それ以来その時計を再び見ることはなかった。それでも私はそのことを後悔していない。

レンガ作りは今や学校の重要な事業となり、先学期は一級品として市場で売れる一二〇万個のレンガを学生の力により製造した。それ以上に、多くの若者がレンガ作りの技術――手作り生産と機械製造の両方の技術――を習得し、現在では南部の多くの場所でこの製造に取り組んでいる。

レンガ作りを通して、私は南部の人種間の関係について多くの貴重な教訓を得た。それまで学校と接触を持ったことがなく、学校に何の共感も抱いていなかった白人の多くが、私たちの作ったレンガが良質であるというので学校にレンガを買いにくるようになった。この地域に無かったものを私たちが提供しているということを白人たちは知った。レンガの製造がきっかけとなり、近隣の白人たちは、ニグロに教育を与えてもニグロの経済的価値が下がるわけではなく、教育が地域をいっそう豊かにし生活を向上させるものだと感じ始めた。近隣の人々がレンガを買いに学校に来ると私たちと知り合いになり、私たちはこれらの人々と取引をするようになった。利益が相互的なものになった。彼らが望むものを私たちは持っていたし、私たちが望むものを彼らは持っていた。これがこの地域の両人種間にこれまで続いている良好な関係の基礎を作ることを助け、ひいてはこの関係が南部全体に今では広がっている。

南部のどこであろうと、レンガ作りを習得した私たちの卒業生が行くところでは、行った先の地域社会に彼が何かしら貢献できるものを持っていることが分かった。地域の人々はある程度彼に恩義を感じるし、彼を頼りにする。このようにして、人種間の良好な関係が進んだ。

価値を認めそれにふさわしく応じようとする性質が人にはあるし、それはどんな色の肌の下にあったとしても、その価値については同じことが言えると私の経験が語る。目に見え触れることのできる物事が偏見を和らげるには最も有効であることも、私は経験した。ニグロが建てた一級品の建物は、ニグロが建てるべき家や建てる可能性のある家について何ページもの議論をするよりも一〇倍も強力な説得力がある。

レンガ作りと同じ方針がその他の職業訓練でも実行され、最初の一歩から自分たち自身の四輪馬車、荷車、荷馬車も製造した。現在私たちの農場と学校では多数のこういった車を所有し使っているが、それらはすべて、学生の手になるものである。これに加えて、私たちはこれらの車を地域社会にも供給している。車を地域に供給することは、レンガを供給するのと同じ効果をもたらし、タスキーギ学院で車の製造や修理を学んだ卒業生は、行く先々の地域で両人種から貢献者と見なされることになる。卒業生が共に生活し働く地域の人々は、このような人を手放すことについては慎重になる。

何か世界の望むことができる人は、結局、その人がどの人種に属していても成功する。人々にギリシア語解読能力を提供できる人が地域社会に入って行くとする。その地域ではその時点でギリシア語解読能力を必要としておらず、その人間を受け入れる用意がないかもしれないが、レンガや家や車の必要はあるかもしれない。その必要に応じられれば、その次にはやがてギリシア語の需要もでてくるかもしれないし、その能力が評価され、利用される日もくるかもしれない。

レンガ焼きの炉が初めて成功した頃、労働させられることに対する学生たちの大きな反対に会うようになった。タスキーギに来る学生の経済状態がどうであっても、すべての学生は何か職業訓練を受けなければならないということが、この頃までに州全体に知れ渡っていた。多くの両親から、在学中の労働に抗議するとの手紙を受け取った。学校に直接来て抗議する親もいた。新入生の多くが教科書の勉強以外のことは望まないという両親からの手紙や伝言を持ってきた。本が多ければ多いほど、厚ければ厚いほど、題名が長ければ長いほど、学生や両親を喜ばせるように思われた。

私はこういった抗議を意には介さなかった。その代わり、職業教育の価値について両親たちに伝えるために、州内のできるだけ多くの場所に出かけるようにした。それに加えて、学生たちには常にそのことを話して聞かせた。労働が不人気だったにもかかわらず、学生数は増え続け、二年目の半ばには在籍数が一五〇名ほどになった。アラバマ州のほとんどの地域から来ていたし、他の州からも少数の学生がいた。

一八八二年の夏、デイヴィッドソン先生と私は二人で北部に行き、新しい建物のための募金運動をした。北部へ行く途中、数年前に知り合ったある宣教団体の役員から紹介状を得るためにニューヨークに立ち寄った。この男は紹介状を書くことを断ったばかりか、募金運動をしても旅費に十分な額さえも集まらないだろうから、すぐ帰ったほうがいいと熱心に勧めるのだった。私は彼に礼を言い、そのまま旅を続けた。

北部での最初の場所はマサチューセッツ州ノーザンプトンだった。私を泊めてくれるようなホテルがあるとは夢にも思わず、泊めてくれる黒人家庭を探してほとんど半日を費やした。ところが驚いたことには、ホテルに泊まるには何の支障もないことが分かった。

十分な資金を集めることに成功し、その年の感謝祭の日には、まだ完成してはいないポーター・ホールの礼拝堂で最初の礼拝を捧げることができた。

感謝祭礼拝の説教者を探している最中、これまでに知遇を得る栄誉に浴した人のなかでも特に類稀な人物と出会った。それはウイスコンシン州出身の白人ロバート・C・ベッドフォード牧師だった。彼は当時アラバマ州のモントゴメリ市にある小さな黒人組合教会の牧師だった。モントゴメリ市に説教者を探しに行くまでは、私はベッドフォード氏の名前も聞いたことがなかったし、彼も私のことを聞いたことがなかった。彼はタスキーギに来て感謝祭の礼拝の責任を持つことを喜んで引き受けてくれた。タスキーギで黒人がこのような礼拝を捧げることはこれが初めてだった。礼拝は何と大きな印象を人々に与えたことだろう。新しい建物を目の当たりにし、感謝祭の日は彼らにとって忘れがたい日となった。

ベッドフォード氏は学校の理事の一人となることに同意してくれ、以来理事として一八年間学校に連なっている。日夜、学校のために骨を折り、学校のためにはどんな小さなことでも喜んで尽くしてくれている。彼はすべてのことにおいて、全くの無私の人であり、一番嫌な役目、誰もしたくない役目だけを引き受けさせて欲しいと申し出た。長い間彼と関わってきて、これまで会ったどんな人にも優って彼は主イエスの精神に近づいている人のようにみえる。

それから少し後には、もう一人の人物が学校に関わるようになった。彼は当時ハンプトンを卒業したばかりの若者だったが、彼の働き無くしては、タスキーギ学院の今日はなかった。ワレン・ローガン氏がその人で、現在に至るまで一七年間学校の財務を担当しており、私の留守の間には学院長代理を務めてきた。彼もまた常に無私の精神を持つと同時に経営能力があり、明瞭な判断力とあいまって、私がどんなに長い間留守にしても学校を健全に導いてくれた。学校が通り抜けてきたすべての経営危機の間も忍耐強く、私たちの事業が必ず成功するという信念を失ったことはなかった。

最初の建物が完成に近づき、その一部分の使用が可能になると――それは学校の二年目の半ばごろだったが――学校に寮を設けることにした。学生がかなり遠くから集まり始めたこともあったし、また、学生数が増して、学生の生活指導ができず、表面的な教育しかできないと、いっそう感じるようになったからである。

寮を始めるに当たっては、入寮する学生とその食欲以外には何の準備もないに等しかった。新しい建物には台所も食堂の施設もなかった。建物の下の土をかなり掘り下げて地下室を作り、その一部に照明をつけて台所と食堂として使うことができると分かった。またもや、私は学生に労働奉仕を呼びかけて、地下室を作るために穴を掘る作業の協力を求めた。学生は求めに応じて、数週間のうちには粗野で快適とは言いがたい場所ながらも、料理し食べる所ができた。現在その場所を見たら、誰もそこがかつては食堂として使われたなどとは信じないだろう。

しかしながら一番深刻な問題は、備品は言うまでもないが何を買うにも資金がない状態で寮運営を軌道に乗せることだった。町の商人たちは必要な食料品を掛売りしてくれた。このような初期の頃、本当を言えば人々は私が自分を信用している以上に私を信用してくれるようだったのでいつも当惑していた。コンロもなく料理することは難しかったし、食器もなしに食べるのは奇妙な風景だった。初め、料理は戸外で火を起して、やかんや鍋を使うという原始的な方法で行なった。建築用に大工が使う作業台がテーブルとして利用された。食器に関してはここに述べるほどのものは何もなかった。

入寮した者の中で、食事は決まった時間に規則正しく出されるべきものだという考えを持っていた者はいなかったので、これは大きな悩みの種だった。すべてのことが滅茶苦茶で整っていなかったので、最初の二週間は食事の度毎に何かしらうまく行かないことがあったと言っていいほどである。肉が焼けていなかったり焦げていたり、パンに塩が入っていなかったり、お茶を出すのを忘れたりといった具合だった。

ある朝食堂の入口近くに私は立って、学生たちの不平を聞いていた。その朝は朝食全般にわたって悪いことだらけで、いつにも増して大声で数多くの不平が聞こえてきた。何も朝食にありつけなかった女子の一人が外に出てきて井戸に行き、朝食代わりに水を汲もうとした。井戸に着いてみると、綱が切れていて水を汲めなかった。井戸から戻ると、彼女はひどくがっかりした様子で私が聞いているとは知らずに「この学校では水さえも飲めないわ」と言った。この言葉ほどに私を落ち込ませたものはなかったと思う。

また別な時のことであるが、ベッドフォード氏――すでに述べたが理事の一人で献身的な学校の友――が学校を訪れて食堂の真上の部屋に泊まった。朝早くに下の食堂から聞こえる二人の男子の間に交わされる何やらの議論に起こされた。議論は、その朝どちらがコーヒーカップを使う番かということだった。三日間コーヒーカップを使えなかったという男子が特権を獲得した。

しかし忍耐と努力により、やがて混乱状態から抜け出た。何事でもそうであるが、忍耐を持ち、知恵を絞り、誠実に物事と向き合うことである。

今その時の苦労を振り返ってみると、その苦労があってよかったと思う。あのような不便があり快適とは程遠い経験を忍んだことがよかったと思う。学生たちが台所と食堂を作るため地下を掘って、最初にできた寮が陰気で暗くジメジメした地下にあったのはいいことだったと思う。もし立派で魅力的で快適な部屋から出発していたとしたら、いい気になり、天狗になっていたことだろう。自分のために自分で作った土台から出発することはとても意味深いことだと思う。

今日、昔の学生たちは母校に戻ってきて――彼らはしばしば戻ってくるのであるが――広くて美しく換気がよく明るい照明のある台所に入り、上手に料理されたおいしそうな食べ物――ほとんどが学生の栽培、飼育したもの――を見る。また、清潔なテーブルクロスとナプキンがセットされ花の飾られたテーブルを見、鳥の鳴き声が聞こえ、食事がいつも決まった時間に規則正しく出され、現在食堂に集う何百人もの学生からほとんど何の不平も聞かれることもないのを見るにつけ、卒業生はよく私に言う。「昔、ゆっくりとして自然なペースで毎年なんでも自分たちで作り上げていったことはよかった」と。

第11章　生活習慣を身につける

学校が始まって少し後の事になるが、ハンプトン学院の財務担当者であるJ・F・B・マーシャル将軍の訪問を受けた。彼はタスキーギ学院の敷地となった農場を手に入れる時に私たちを信用して、最初に支払う二五〇ドルを貸してくれた人である。彼は一週間私たちのところに滞在し、すべてのことを注意深く視察した。タスキーギ学院の進展を非常に喜び、ハンプトンに興味深く好意的な報告を書き送ってくれた。その少し後には、私がハンプトン学院に入学する時、「掃除」の入学試験をしたメアリー・F・マッキー先生が訪れたし、その後に、アームストロング将軍自身が訪れた。

ハンプトンからのこういった友人たちの訪問を受けた頃には、タスキーギ学院の教師の数はかなり増えていたが、ほとんどの新しい教師はハンプトン学院の卒業生だった。ハンプトンから訪れてくれたアームストロング将軍を始め、これらの友人たちを、私たちは心から歓迎した。短期間の内に急速な進展を遂げたタスキーギ学院について、彼らはみんな驚き喜んでくれた。噂に聞いているアームストロング将軍と会うために、遠くから黒人たちがやってきた。将軍は私の黒人同胞から歓迎を受けただけではなく、南部の白人たちからも歓迎された。

アームストロング将軍の最初のタスキーギ訪問を受けた時は、将軍の人柄についてこれまで知らなかったことを知る機会となった。南部白人に寄せる将軍の関心についてである。この訪問以前には、アームストロング将軍は南部白人と戦った人なので、南部の白人に対して敵意をもっていて、黒人の援助にのみ関心を寄せていると私は考えていた。ところが、この時の訪問を通して、この人物の偉大さと寛大さをこれまでよく知らなかったことを認識させられた。彼が南部白人を訪ね会話する様子から、私は彼が黒人についてと同様に白人の福祉と繁栄を望んでいることを知った。南部に対して何の敵意も抱いておらず、彼の暖かい心を示す機会があればそれを喜んでいた。アームストロング将軍と知り合って以来、公的であれ私的であれどんな場面でも、南部の白人について彼が敵意のある言葉を一言でも発するのを聞いたことがない。このことに関する彼の模範から、偉大な人物とは愛を培っている人であることを知り、矮小な人間だけが憎しみを抱くのだと思った。弱いものへ助けの手を伸べることこそ、与えるその人を強くするものであり、不幸な境遇にある人を抑圧することは、その人を弱いものとすると悟った。

アームストロング将軍からこのことを学んでから多くの年月が経っている。それ以来、私は相手の人物の肌の色がどうあろうとも、その人物を憎むことにより、自分を矮小な人間にし自分の魂を貶めるようなことはするまいと固く決心している。南部白人が私の同胞を何か苦しめたことがあったにしても、神の助けにより、私は彼らに対する悪感情を完全に取り去ってきたと思う。私の同胞が助けられるのを喜ぶのと同様に、私は南部白人に仕えることを喜びとしている。人種偏見を残念ながら抱いている人を、私は心から気の毒だと思う。

このことについて考えれば考えるほど、南部のある地域の人々がニグロに投票させないために打って出る悪意ある行為は、ニグロだけに対する悪に終ることなく、白人の精神にも永続的な害をもたらすと、私は強く確信する。ニグロに対する悪は一時的ですむが、白人の精神に対する害は永続的である。私はこれまで何度も注意を促してきたが、ある人が黒人の投票数をごまかそうとすれば、その人は黒人に関することだけでなく白人に関しても同じように、生活のいろいろな場面で欺くことを覚える。ニグロを欺く人は、たいてい、白人をも欺くようになる。ニグロに暴力を振るって法を破る者は、そのうちに白人にも暴力を振るうことになる。こういったすべてのことが、南部が抱える無知という重荷を取り去るためには、国をあげて取り組むことが重要だと示しているように私には思える。

南部における教育の発展に関して年を追う毎に明らかになっているもう一つのことは、アームストロング将軍の教育理念の影響力である。これは黒人教育だけではなく、白人教育についても同様に影響を及ぼしている。現在では南部のどこの州でも、白人の少年少女の教育に職業訓練を取り入れる方向に努力していて、ほとんどの場合、この努力の源を辿れば、すぐアームストロング将軍に行き着く。

粗末な寮を開設してからは、さらに多くの学生が押し寄せてきた。何週間も、資金無しで食事を準備し宿泊施設を整えることに格闘しなければならなかった。宿泊施設としては学校の近くにあったいろいろな掘っ立て小屋を借りた。これらの小屋の状態は悪く、冬にはそこに住む学生たちは当然風邪を引くことになった。寮費は八ドル——学生がなんとか払える額——にした。食費のほかに部屋代、暖房代、洗濯代も含んだ額だった。また、どんなことでも学校のために役立つ労働を学生がした場合、その労賃はすべて寮費の支払いにあてられた。授業料については、学生一人につき年額五〇ドルかかったが、学校側でどこからか確保しなければならなかったのは、現在と同じである。

寮費として受け取った小額の現金では、寮を軌道に乗せる何の役にも立たなかった。学校開設二年目の冬はとても厳しい寒さだった。暖かい寝具が足りなかった。例外もあったが、ベッドもマットレスも用意できないことが多かった。寒さが特に厳しい晩は、学生が忍んでいる不便を思い私も眠ることができなかった。少しでも学生を励まそうとして、幾晩か夜中に青年たちが宿泊している小屋に行ってみた。学生たちが火の周りに体を寄せ合い、備え付けのたった一枚の毛布にくるまって温まろうとしている姿をよく目にした。夜の間ずっと、横になろうとしない者もいた。いつになく寒かった夜が明けて、次の朝チャペルで手にしもやけができたと思う人は手を挙げるようにと学生に尋ねると、三人が手を挙げた。このような経験をしても、学生からあまり不平は聞かれなかった。私たちができるだけのことをしているのを学生たちも知っていた。彼らはどんな状況であっても、自分たちの人生を向上させるための機会が与えられていることを幸せに思っていた。学生たちは教師の負担を軽くするために何か手伝えるかと、常に聞いてきた。

南部でも北部でも何度か耳にしたことであるが、黒人というものは自分の同胞の一人が上に立つと尊敬もしないし従いもしないものだと言われていた。一般に広まっているこのような誤謬と流言に関して言えば、私が仕事をしてきたタスキーギの一九年間に、学生や職員から無礼な言葉や仕打ちを私は受けたことはないと言い切ることができる。それどころか、配慮に満ちた多くの親切を受けていつも戸惑うほどだった。学校内を私が大きな本やかばんや何か荷物を持って歩くのを学生は喜ばないように見えた。そのような時にはいつでも誰かが荷物を持つことを申し出た。雨の時事務所から出ようとすると、誰か学生が側に寄ってきて、傘を差し掛けさせてほしいと言われないことはなかった。

これに関連するが、南部の白人からも一度として侮辱されたことはないとつけ加えることができるのはうれしい。特にタスキーギ近辺の白人は、私に敬意を表することを名誉だと思っているようだし、わざわざ挨拶に来てくれることも多い。

少し前のことであるが、私はダラス〔テキサス州〕とヒューストンの間を旅行していた。何かの拍子に、私がその列車に乗ることが前もって知れ渡ってしまった。列車が駅に停まる毎に、たいていの場合町の役人も含めた多くの白人が列車の中に入ってきて名乗り、私が南部のためにしようとしている事業について心から礼を述べるのだった。

また別の機会であるが、ジョージア州のオーガスタからアトランタに向かっていた時、長い旅行のため私は疲れていてプルマン列車〔設計者プルマンの名にちなんだ豪華列車〕の寝台車に乗った。車内に入ると、そこには私がよく知っているボストンからの婦人が二人座っていた。この親切な婦人たちは南部の習慣を何も知らないらしく、善意から自分たちのいる席の一画に一緒に座るようにと勧めた。少しためらったが私は座った。私が座って数分も経たない内に、婦人の一人が私の知らない間に、三人分の夕食を注文した。このことで、私はいっそう当惑した。その車両には南部の白人が大勢いて、そのほとんどの目が私たちの上に注がれていた。夕食が注文されたことを知って、私はその一画を離れるための何か言い訳を考えつこうとした。それでも婦人たちは一緒に食事しようと言い張った。私はため息をつき、とうとう席に戻り、自分に言い聞かせた。「仕方がない。」

おまけに、さらに当惑する状況になった。テーブルに夕食が運ばれてしばらくすると、婦人の一人が自分のかばんの中に特別なお茶があるのでそれを飲んでいただきたいと言い出した。車両のボーイはお茶の上手な入れ方を知らないと思うので、自分が立ってお茶を入れたいと言い張った。ついに食事は終ったが、これまでで一番長く感じた食事の時間だった。食事が終ると、私はその困惑する状況から抜け出して、車窓の景色を眺めるために喫煙室に行った。そこには多くの男性がいた。しかしながら、それまでに列車全体に私が誰であるかが知れ渡ってしまっていた。喫煙室に入って行くと、ほとんど全員がジョージア州の住民だったが、みんなが私のところにやってきて名乗り、私が南部全体のためにしようとしている事業について心から礼を言った。お世辞ではなかった。私にお世辞を言ってもこれらの人々はなんら得ることはないのだから。

タスキーギ学院は私のものでも職員のものでもなく学生のものであること、また、理事や教師の関心事であるのと同じように学生の関心事でもあるという考え方を、私は初めから学生に印象づけようとしてきた。さらに、私は学生の友としてアドバイザーとして学校にいるのであり、監督者ではないことを感じてもらおうとしてきた。学校生活について何でも単刀直入に率直に話してもらうことを目標にしていた。年に二～三回、私は学生に学校に関してどんなことであれ、批判や不満、提案を手紙に書くよう求めた。それ以外のときには、チャペルで学校生活について胸襟を開いて話す機会を設けることにしている。このような話し合いほど私が楽しいと思うものはないし、この話し合いほど学校の将来計画に役立つものはない。こういう話し合いを通して、学校の重要な検討事項を私は把握することができるように思える。人に責任感を持たせ、信頼していることを知らせる以上に、その人のためになることはない。雇用者と被雇用者の間に起こる問題について新聞で読むが、私はそれについてこのように考える。雇用者がもっと被雇用者の近くに歩み寄るようにし、彼らの相談に乗りアドバイスし、両者の利害は同じところにあると彼らに感じさせることによって、多くのストライキやそれに準ずる混乱は避けることができるだろうにと。どんな人でも信用されれば、それに応えるものである。これほどニグロにぴったり当てはまることはない。ニグロに損得を越えた関心を抱いていることを知らせれば、どこまでも彼らを導いていくことができるだろう。

タスキーギ学院草創期からの私の目標には、学生が校舎を自分たちで建てるというに止まらず、できるだけ家具を自分たちで作らせることもあった。当時ベッドが出来上がるまで床の上に寝たり、マットレスまがいの物を作り上げるまでマットレスなしに寝たりしていたことを今思うと、学生たちの忍耐強さに驚かざるを得ない。

当初大工道具の使用に慣れている学生はほとんどなかったので、学生が作ったベッドは粗野で強度がなかった。朝私が学生の部屋に入っていくと、二つ以上のベッドが床に潰れているのを見ることもたびたびのことだった。マットレスを作ることは難問だったが、なんとか解決した。安物の布を手に入れて縫い合わせ、大きな袋を作った。この袋に付近の森から集めてきた松の藁――時には松葉と呼ばれている――を入れた。うれしいことに、それ以来私たちのマットレス生産は確実に進展して、今では女子学生に対する教育の組織的で重要な部門になっている。そして、普通の商店で売られているマットレスと遜色がないものが、現在タスキーギ学院で生産されている。寮を開設してからしばらくは、寝室にも食堂にも椅子がなかった。椅子の代用として、学生が三枚の粗末な板切れを釘で打ちつけたスツールを使った。寮の初期に学生の部屋にあった家具といえば、ベッドとスツールであり、たまに学生が作った粗野なテーブルがあるだけだった。家具を学生に作らせるという方針は今も続いているが、部屋にある家具の数は増えているし、技術も進歩したのでどの家具にも不具合は見られない。タスキーギ学院で私がいつも強調しているのは、どこも徹底的に清潔であるべきだという点である。最初の時から繰り返し繰り返し学生に教えてきたし今も教え続けているのは、貧しい生活や快適さと便利さを欠く生活については言い訳が許されるだろうが、不潔さについて言い訳はゆるされない、という点である。

他に本校で強調されている事柄は、歯磨きの励行である。アームストロング将軍が「歯ブラシの福音」と名づけているが、これはタスキーギ学院の信条のひとつである。歯ブラシを持ちもせず使いもしない者は在学することが許されない。最近のことであるが、歯ブラシ以外の物は何も持たずに入寮した学生が何人かいる。上級生から歯ブラシの件を聞いているので、いい印象を与えるために彼らは最低歯ブラシは持って来た。少し前のある朝、女性校長が女子の部屋でいつもの点検をするので私もついていったことを思い出す。入寮したばかりの三人の女子の部屋があった。私は歯ブラシを持っているかと聞くと、一人の女子が一本のブラシを指して「はい、先生。これが私たちの歯ブラシです。昨日、三人で一本買いました」と答えた。これは間違っていると彼らに分かるまでに、そんなに時間はかからなかった。

歯ブラシの使用は、学生の間により高い文化をもたらす効果があると言ってよいほどであるのは興味深い。たいていの場合、最初の歯ブラシか次の歯ブラシがだめになる頃学生が自発的に歯ブラシを買う気になるように導くことができれば、その学生の将来を心配しないですむことに気づいた。初めから、身体を徹底的に清潔にすることを強調して教えた。食事と同じように定期的に入浴することを教えてきた。まだ浴室の設備が何もない時から、このことを教え始めた。ほとんどの学生は農園地域の出身で、多くの場合ベッドの使い方から教えなければならなかった。つまり、二枚のシーツの間に寝るのか二枚の下に寝るのかの問題である――二枚のシーツを学生のために準備できた後のことではあるが。当然のことながら、シーツが一枚しか準備できなかった間は、二枚の間に寝ると教えることは無理だと思った。夜着を身につけることの重要性も同様に教えた。

長い間一番難しかったのは、服のボタンをすべてつけておくことと、綻びや油汚れをそのままにしてはいけないと教えることだった。この教えは徹底的に身につき、毎年学生から学生に忠実に引き継がれて今日に至っていることをうれしく思う。現在、学生が夜チャペルから出ていくとき、毎晩学生の衣服が点検されるが、一つのボタンも欠けていないと報告できるのはうれしい。

第12章　資金集め

寮を開設した時、私たちの最初の建物であるポーター・ホールの屋根裏に女子学生用の部屋を用意した。しかし男女ともに学生数が増え続けた。多くの男子学生には校外の部屋を斡旋したが、女子学生を校外に出すことはしなかった。ほどなくして、女子学生の部屋はもとより、寮生全員のためにもっと大きな建物の必要性が高まった。それで、最終的にさらに大きな建物――女子学生も含む寮生全員を収容できるような建物――を建築する決断をした。

必要とされる建物の設計ができると、建築費はおよそ一万ドルかかることが分かった。建築を始めるに当たって資金は何もなかったが、その建物に名前をつけることにした。建築資金を確保できる当てはなかったが、とにかく名前はつけられると思った。それで、私たちの州の名にちなんで、アラバマ・ホールと名づけることにした。再び、デイヴィッドソン先生がタスキーギ周辺の黒人や白人の関心と援助を得ようと募金運動を始めた。人々はそれぞれの能力に応じて積極的に援助してくれた。学生たちは、最初の建物であるポーター・ホールの時と同じように、基礎工事のために土を掘り始めた。

資金調達に関して行き詰まったかと思われる時には、アームストロング将軍の偉大さを示す出来事――彼がどれほど並大抵の人とはかけ離れているかを証明するようなこと――が起こった。どこからどうやって新しい建物のための資金を得ようかと頭を悩ましている時、私はアームストロング将軍から電報を受け取り、将軍と一緒に北部に一か月間旅をしないかと誘われ、できれば直ちにハンプトンに来るようにということだった。もちろん、私はその誘いを受け入れ、すぐにハンプトンに向かった。そこに着くと、将軍がクァルテットの合唱グループを北部に連れて行こうとしていること、一か月間あちこちの主要な都市で集会を開き、そこで将軍と私が講演をするという計画を知った。これらの会合はハンプトン学院のためではなく、タスキーギ学院のためのものであり、これにかかる費用はすべてハンプトン学院の負担であることを将軍が私に話してくれた時の私の驚きを想像してほしい。

多くを語ってくれたわけではないが、アームストロング将軍はこの方法で私を北部の人に紹介すると同時に、アラバマ・ホール建設のために差し当たり必要な資金確保をしようとしていることが分かった。心が貧しく狭い人は、タスキーギ学院に入った資金が本来ハンプトン学院に行くはずのものだと考えることだろうが、そのような利己的で近視眼的な考えはアームストロング将軍の心に一時も浮かんだことはなかった。彼は矮小な人間であるどころかあまりにも偉大だったし、卑劣であるどころかあまりにも良心的だった。北部の人が援助してくれるのは、ニグロの文化向上のためであり、単に一つの学校推進のためではないと彼は知っていた。また、ハンプトン学院を堅固なものにする方法は、学院が無私の精神で南部全体の問題に尽くす中心的勢力になることだと将軍は知っていた。

北部で私がすることになった講演に関して、将軍から得たアドバイスの一つを思い出す。「思いをひと言ひと言に込めなさい」と彼は言った。このアドバイス以上のものはないだろうし、これは人前でするすべてのスピーチに当てはまる。それ以来今日まで、私はいつも彼のこのアドバイスを心に留めることにしている。

講演会はニューヨーク、ブルックリン、ボストン、フィラデルフィア、その他の大都市で開かれた。すべての会合でアームストロング将軍と私は一緒に、ハンプトン学院のためではなくタスキーギ学院のために資金援助を訴えた。講演会の目的は、アラバマ・ホール建設のための資金確保を目的とすると共に、一般の人々にタスキーギ学院を紹介することだった。これら二つの目的に関して、講演会は成功だった。

将軍によるこの暖かい配慮の後では、私一人で資金集めのために北部に行くようになった。過去一五年間というもの、学校の必要経費の増大に伴う資金集めのため、私は多くの時間を学校から離れて過ごすことを余儀なくされた。資金集めに関して、読者の方々が興味を持たれるかもしれない経験を幾度かした。慈善活動の資金集めをしようとする人々から何度も質問されたことは、有意義な活動に対して寄付能力のある人々の関心を引いて援助を確保するために、どんな原則に私が従っていたかという点だった。資金援助嘆願と呼ばれるものについての科学があってそれを原則にまとめるとすれば、私はたった二つの原則に従ってきたと言うことができる。第一の原則は、対象の個人なり団体なりに向かって私たちの事業を知ってもらうということが私に課せられた義務のすべてでありそれに徹すること、第二としてその結果について心配しないことである。この第二の原則は、私にとっては厳しく守ることがとても難しかった。請求書の期限が翌日に迫っていて、支払うだけの金額が手元にない時には、心配しないようにすることがかなり難しかった。それでも年を経るに連れ、心配することにより得られるのは、もっと効果的なことに使われるべき肉体的精神的エネルギーの無駄な消費だけであり、何の役にも立たないと悟り始めた。さまざまな裕福で著名な人々と会ってきた経験から、大きなことを成し遂げた人々は「自分の体を打ちたたいて服従させ[13]」ていることを見てきた。これらの人々は興奮して自制心を失うようなことは決してなく、いつも落ち着いていて冷静であり、忍耐強く礼儀正しい。このような人物の代表として、いままでに私が知遇を得た中で一番に挙げられるのは、ウイリアム・マッキンリー大統領であると思う。

どんな事をする場合にも成功するために最も大切なことは、自分のことをすっかり忘れるまでになることである。つまり、大きな目的のために自分を捨てることである。このように自分を捨てる割合に応じて、その人は自分の事業から大きな満足感を得ることになる。

タスキーギ学院の募金活動の経験を通して、金持ちであるというだけで非難し、また慈善活動に多くを寄付しないからといって金持ちを非難する人々に私は我慢ができなかった。多く聞かれる批判であるがこのようなことを言う人々は考えたことがあるだろうか。もし一斉に大きな事業が挫折破綻し富豪たちが富を失った場合に、どれだけ多くの人々が貧困に陥り、その結果どれだけの人々が苦しむことになるかという事を。富裕な人々の下にどれほど多くの援助嘆願が常に殺到しているかを知っている人は、ほとんどいない。私が知っている富豪のなかには、一日に二〇件もの援助嘆願の訪問を受けている人もいる。私が富豪を訪ねて事務所に行くと、六人くらいが面会の順番を待っていることも一度ならずのことだった。その全員が資金集めという同じ目的で来ていた。これは面会を求めている場合であるが、郵送による嘆願は言うに及ばない。匿名のまま寄付される金額がどれほどになるのか知っている人もほとんどいない。何も寄付しないと非難される人々のことをよく耳にするが、私の知っているところでは、毎年何千ドルも寄付しているのに彼らは黙っているので、世間の人がそれについて何も知らないだけである。

このような例の一つを挙げれば、印刷物には名前が載らないが、ニューヨーク在住の二人の婦人は過去八年間にわたって、三つの重要な大きな建物建設のための資金を黙って出してくれた。この建物を寄贈してくれた上に、その他にも大変多額の寄付をしてくれた。二人はタスキーギ学院を援助するだけではなく、その他にも有意義な事業を援助する機会をたえず探している。

タスキーギ学院という事業のために何十万ドルという資金を集める役割を担うことは私の名誉とするところであるが、世に言う「物乞い」だけはいつも避けてきた。いつも言ってきたが、私はお金を「せびる」ことはしないし、「乞食」ではない。裕福な人々に対してむき出しなやり方でしつこくお金を要求しても、たいていの場合、援助確保にはつながらないと私の経験と観察から確信している。私が資金集めを進めるときは次のような方針を持っていた。財産の築き方を知る感覚の持ち主は当然その使い方についての感覚も持ち合わせているから、タスキーギ学院についての事実、また特に卒業生の働きについての事実を知らせることが、むき出しの物乞いよりは効果があるとの方針である。高い尊厳を持って事実を持ち出すことこそ、たいていの裕福な人々が関心を示してくれる資金集めの方法だと私は思う。

戸口から戸口へ、事務所から事務所へと訪ね回る仕事は、生易しいものでも気持ちのいいものでもなく、体力を消耗するものであるが、何らかの報いはあるものだ。このような仕事は人間観察をする滅多にない機会となる。また、これは世の中の一番立派な人々——もっと正確に言うなら、本当に世界で誰よりも立派な人々と言うべきかもしれない——に会う機会となる。国内の最も有益で影響力ある人々は、世界をより良い場所にするために存在する施設機関に対して強い関心を持つ人々であることが、広く調査してみれば分かるだろう。

ボストンにいたある時のことであるが、裕福なある婦人を訪問した。玄関ホールに通され、名刺を渡した。私が待っていると彼女の夫が入ってきて、何の用なのかとつっけんどんに聞いた。私が用件を説明しようとすると、彼はいっそう紳士的でない言葉遣いや態度を見せ、ついにはまくし立てたので私は夫人からの返事を待たずにその家を離れた。その家から少し行ったところで私はある紳士に会ったが、彼はとても真心を込めて私に応対してくれた。彼は多額の小切手を書いてくれ、私がお礼を言う暇もないうちに、このように言った。「ワシントンさん、このような立派な事業を援助する機会を与えてくださって感謝します。その事業に少しでも参加できることは名誉なことです。ボストンにいる私たちは、私たちがなすべき仕事をあなたがしてくださっているので、いつもあなたに借りがあるのです。」資金集めをしている私の経験から言えば、最初に挙げたようなタイプの人はだんだん稀になってきていて、後に挙げたようなタイプの人が増えている。つまり、富裕な人々は、有意義な目的のために援助を求める男女を物乞いと見なすことはなく、自分たちに代って事業をしてくれる代理人と見なすようにだんだんなってきている。

ボストン市で募金運動のため個人を訪ねた場合、こちらから寄付のお礼を言う暇もないうちに、先に訪問に対する感謝の言葉を言われないことはなかったほどである。この市では寄贈者はたいてい、寄付をさせてもらうことを名誉であると感ずるように見えた。ボストンほどに市全体として、すばらしいキリスト教的精神のある町を他に見たことがない。もちろん他の町でも特筆に価いする例は多くある。私は繰り返して言うが、世界の傾向は与える行為に向かって動き始めていると信じている。繰り返しになるが、私が資金集めをするときの方針は、金銭的余裕のある人々に援助の機会を提供することを私の義務として、それに全力を傾けることである。

タスキーギ学院草創の頃には、北部の町並みや田舎道を何日も一ドルの寄付も取り付けられずに歩き回った。私が最も当てにしていた人から一セントの寄付も得られずにがっかりし意気消沈しているその週に、全く期待していなかった人から多額の寄付を受けるということも、よくあった。

ある時信じるに足る情報がもたらされた。私たちの現状と必要を提示するならば、コネチカット州スタンフォードから二マイル〔約三キロ〕ほど入った郡部在住の一人の紳士がタスキーギ学院の事業に関心を示すかもしれない、ということだった。いつになく寒さが厳しく荒れ模様の日だったが、私は二マイル歩いて彼に会いに行った。容易ではなかったがやっとのことで、彼と会うことができた。彼は私の話にある程度の関心を示しはしたが、寄付はしなかった。彼と会うために要した三時間が無駄になったという感情を抑えることはできなかった。それでも私は義務を果たすときの自分で決めた方針に従った。もし彼に会わずに済ませたとしたら、自分の義務を果たさなかったことについて、自分に満足しなかったことだろう。

この訪問から二年後、この人から次のような手紙がタスキーギに届いた。「ニューヨーク為替手形一万ドルを同封しますので、貴殿の事業推進のためお使いください。この金額を貴校のために使っていただこうと最初は私の遺言に記しましたが、私が生きている間に差し上げたほうがいいと思いました。二年前貴殿が訪ねてくださった時のことをうれしく思い返しております。」

この為替手形を受け取った時ほどの喜びは滅多に味わえるものではないと私は思う。個人の寄付としては、その時までに学校が受け取った最高額をはるかに越える額だった。それは、いつになく長期間に渡って一セントの額の寄付もなかった時だった。資金不足で困っており、非常な精神的緊迫感があった。大きな事業を経営し財政上の重い責任を果たすに当たって、月毎に迫る返済期限を守るためにどこから資金を得たらよいか分からないことほどに神経を痛める状況は、他にあまりないと思う。

私の場合、責任は二重であり、このことがいっそう精神的に押しかかってきた。もし、学校が白人によって経営されていて失敗するとしたら、それはニグロに対する教育事業の損失とはなる。しかし、ニグロによって経営されている私たちの学校が失敗するならば、学校が消滅するだけでは終らず、我が人種全体の能力について人々の信頼を失わせる原因になる。このような状況の時に一万ドルの為替手形が送られてきたので、何日もの間私の上にのしかかっていた重荷の一部分が取り除かれた。

私たちの事業を始めたときから今日まで私がしてきた考え方を教師も同じように抱くようにと機会ある毎に強調してきた。すなわち、学校の中が清潔で清廉でかつ健全であればあるほど、学校は外部から支援を受けることになるという考えである。

偉大な鉄道経営者である故コリス・P・ハンチントン氏に私が初めて会った時、彼は学校のために二ドル寄付してくれた。彼が亡くなる数か月前に私が最後に会った時には、学校の基金として五万ドルを寄付してくれた。この最初と最後の寄付の間には、毎年ハンチントン氏と夫人の両方から多額の寄付が送られてきた。

五万ドルもの寄付を受け取るタスキーギ学院は運がよかったのだと言う人もあるかもしれない。これは違っている。運がよかったのではない。懸命の働きによって得られたものである。懸命の働き無くしては、価値あるものは何も得られない。ハンチントン氏が最初に二ドル寄付してくれた時、それ以上の額をもらえなかったからと言って私は彼を責めはしなかった。しかし私は、さらに大きな寄付を得るにふさわしく、事業の結果を目に見える形にして彼の信頼を得ようと決心していた。十年余りの間、私たちの事業が価値あるものだとハンチントン氏に信

郵便はがき

料金受取人払郵便

小石川局承認

6313

差出有効期間
2026年9月
30日まで

112-8790
105

東京都文京区関口1－44－4
宗屋関口町ビル6F

株式会社　新教出版社　愛読者係
行

<お客様へ>
お買い上げくださり有難うございました。ご意見は今後の出版企画の参考とさせていただきます。

ハガキを送ってくださった方には、年末に、小社特製の「渡辺禎雄版画カレンダー」を贈呈します。個人情報は小社、提携キリスト教書店及びキリスト教文書センター以外は使用いたしません。
●問い合わせ先 ： 新教出版社販売部　tel　03－3260－6148
email : eigyo@shinkyo-pb.com

今回お求め頂いた書籍名

お求め頂いた書店名

お求め頂いた書籍、または小社へのご意見、ご感想

お名前	職業

ご住所　〒

電話

今後、随時小社の出版情報をeメールで送らせて頂きたいと存じますので、
お差し支えなければ下記の欄にご記入下さい。

eメール

図 書 購 入 注 文 書

書　　　　　　名	定　　価	申込部数

じてもらうまで大変努力した。私たちの学校が有益な事業になってゆくにつれ、ハンチントン氏の寄付も増えていくことに気づいた。ハンチントン氏ほど、暖かい共感を抱いて私たちの学校に関心を寄せてくれた人はいない。彼は寄付をしてくれただけでなく、時間を割き、父親が息子に対するように学校全体の事に関して私にアドバイスしてくれた。

北部で募金活動を行なっている間、一度ならずとも、非常に厳しい状況に追い込まれた。話しても信じてもらえないと思って、これまでに一度しかこの事について話したことはない。ロードアイランド州のプロヴィデンス市に泊まっていたある朝、私は一セントも持っておらず朝食を買うこともできなかった。募金をしてもらえそうなある婦人に会うため通りを横切っていると、電車線路の真ん中にピカピカの二五セント玉が見えた。この二五セントで朝食が買えただけでなく、数分の後には私が会う予定だった婦人から寄付も取り付けることができた。

ある年の卒業式に、私は無謀にもボストンのトリニティ教会の教区牧師E・ウインチェスター・ドナルド神学博士に説教をお願いすることにした。当時出席者全員を収容できるような大きな部屋がなかったので、卒業式は小枝と荒削りの板で間に合わせに作られた東屋で行なわれた。ドナルド博士が話し始めて間もなくすると大雨が降り出して、博士は説教を中断するはめになった。その間誰かが博士に傘を差し掛けていた。

私の計画が無謀だったことに初めて気づいたのは、トリニティ教会の教区牧師ともあろう人が古びた傘を差し掛けられて、雨が止んで説教ができるまで待ちながら立っている様子を目にした時だった。

雨はほどなく止み、ドナルド博士の説教も終った。悪天候ではあったが、すばらしい説教だった。部屋に戻り濡れた衣服を乾かしてから、ドナルド博士はタスキーギ学院に大きなチャペルがあってもいいですね、と自ら言い出した。次ぎの日のこと、イタリアを旅行中の二人の婦人から手紙が舞い込み、私たちが必要とする大きなチャペルのために献金することにしたと知らせてきた。

今から少し前には、アンドルー・カーネギー氏(14)から新しい図書館建設のために二万ドルの寄付を得た。私たちの最初の図書室は掘っ立て小屋の隅にあり、全体で五フィート×一二フィート〔約一・五メートル×三・五メートル〕ほどの広さだった。カーネギー氏の関心と援助を得られるまでには、一〇年間の努力が必要だった。一〇年前にカーネギー氏に会った時、彼は私たちの学院にあまり関心を示さないように見えたが、私たちが彼の支援を受けるにふさわしいことを示そうと私は心に決めていた。一〇年間努力してから、私は次のような手紙を彼に書いた。

アンドルー・カーネギー殿
ニューヨーク市西五一番街五
拝啓
数日前に貴殿のお宅にお伺いした折のご要望にお答えして、私どもの学校の図書館建設についてご協力のお願いをしたためましたので、お送りいたします。
ただ今、私どもの学校には一一〇〇名の学生が学んでおり、そのほか教師と職員及びその家族八六名がここに住んでおります。学校の周囲には二〇〇名ほどの黒人も住んでおり、これらすべての者が図書館の恩恵を受けることになります。

すでに一二〇〇〇冊を超える本や雑誌に加えて友人からの寄贈書もありますが、これらを収容するのにふさわしい場所も、読書室もありません。

私どもの卒業生は南部各地に出て行きますので、彼らが図書館で得る知識はニグロ全体の向上に役立つことでしょう。

私どもが必要とする図書館の建設にはおよそ二万ドルが必要とされます。レンガ作り、レンガ積み、大工仕事、鍛冶作業などすべて建築作業は学生が行なうことになっています。貴殿が寄付なさるお金は建物のために使われるだけで終ることにはなりません。建築作業は多くの学生に建築事業を学ぶ機会を与えることになります。また、その労働に対して支払われる賃金は学生が学業を続ける費用として使われます。これに相当する金額がこれほどに黒人全体の水準を上げることに役立つ事業はあまりないと思います。

もしさらにお知りになりたいことがあれば、ご遠慮なくお問い合わせください。

敬具

学院長　ブッカー・T・ワシントン

一九〇〇年一二月一五日

次の郵便でこのような返信を受け取った。「図書館建設のため必要とされる額の二万ドルをお送りできることをうれしく思います。また、貴殿の気高いお仕事に対して私が関与できる機会をうれしく思います。」

　厳正な経営方法を持つことが富裕な人々の関心を得ることに成功する道であると私は学んだ。タスキーギ学院で私が常に目標としていたことは、財政上もその他の運営上も、ニューヨークのどんな銀行にも通用するような厳正な経営方法を実行することだった。

　これまで学院に対する多額の寄付の数例を述べてきた。しかしそれ以上に学校経営のための大部分の資金は、普通の人々からの小額の寄付金からなっていた。どんな慈善事業においてもその援助金の大部分は、何百という人々の関心を示すこれら小額の献金に頼っているのである。資金集めをしている最中に驚かされたことは、牧師たちの忍耐力と懐の深さだった。彼らのところにはのべつ幕なしに助けを求めるあらゆる人々が押しかけている。クリスチャンとして送る人生の価値について私を納得させるものが他に何もなかったとしても、黒人の水準を上げるためにアメリカのあらゆる教派の教会が過去三〇年間になしてきたクリスチャン精神による働きは、私をクリスチャンにしてしまうことだろう。日曜学校やクリスチャン・エンデヴァー協会、宣教師の諸協会、それに教会自体から集められた一セントや五セント、一〇セント硬貨の数々が、これほどに急速なニグロの向上に大きく役立ってきた。

　これらの小額の寄付金について語るついでに、タスキーギの卒業生のほとんどが毎年献金を忘れずに送ってくれていることも話しておこう。卒業生の献金は二五セントのこともあれば一〇ドルのこともある。

三年目が始まってまもなく、三箇所から特別財源を得られることになりびっくりさせられた。それらの財源は今日まで継続されている。まず第一には、アラバマ州議会が年間予算をそれまでの二千ドルから三千ドルに引き上げてくれた。つけ加えておくが、この予算はさらに後では四千五百ドルまでに引き上げられた。この予算増加を確保するためには、タスキーギ町出身の議員であるM・F・フォスター閣下による努力があった。第二に、ジョン・F・スレーター基金から一千ドルを受け取るようになった。この基金の理事が私たちの事業を認めてくれたようで、その後には年間寄付金の額を折りに触れ増やしてくれ、今ではこの基金から年間一万一千ドルの寄付金を受け取っている。もう一件は、ピーボディ基金から来るもので、給付金という形がとられている。これも最初は五百ドルだったが、今では一千五百ドルに増やされている。

スレーター基金とピーボディ基金から援助を受ける努力のなかで、私は二人の稀に見る人物と知り合うことになった。この二人はニグロの教育政策を作るうえで大きな働きをしてきた。一人はこれら二つの基金の代表役員でワシントン在住のJ・L・M・カリー閣下、(15)もう一人はニューヨーク市のモリス・K・ジェサプ氏(16)である。カリー博士は南部出身であり元は南軍兵士だった。しかし、カリー博士ほどに人種偏見がなく、ニグロの最善の福祉に深い関心を抱いている人物はわが国のなかで他には見出せないと私は思う。彼は黒人からも南部白人からも同じように信頼を寄せられている卓越した人物である。私が最初に彼に会った時のことを忘れることはできない。それは、当時彼が住んでいたウエストヴァージニア州リッチモンドでのことである。それまでにも彼のことをいろいろ聞いていた。最初彼の前に出た時、私はまだ経験も浅い若者だったので気後れしていた。彼は心を込めて私の手を握ってくれ、励ましの言葉を述べ、これから私が取るべき道について有益なアドバイスをしてくれた。その時以来、人類向上のためにたゆまず無私の精神で働く立派な模範として、私は彼を知るようになった。

スレーター基金の財務を務めるモリス・K・ジェサプ氏についても述べておこう。裕福でしかも大規模で複雑な事業経営の責任を担っている人のなかで、ジェサプ氏ほどに金銭だけでなく時間も割いて、彼自身が実現しているレベルにまでニグロを向上させる方法に考えを巡らしてくれた人はいないと思う。最近の数年の間に職業訓練教育の問題が重要だと考えられるようになり現在の段階までになったのは、ひとえに彼の努力と影響力によるものである。

第13章　五分間のスピーチ

寮を開設すると間もなく、学ぶに値する学生であることは明らかなのに、貧しくて小額の学費さえ払うお金がない人たちが多数入学を求めるようになった。男性にも女性にもこのような人がいた。これらの人々の入学を拒否することは辛いことだったので、一八八四年に少数ながらもその希望に応じられる夜間部を設立した。

タスキーギ学院の夜間部は、私が設立を手伝ったハンプトン学院のものと同じような計画で運営された。最初はおよそ一二名の生徒から始まった。夜間部に入学を許されるのは、通常の昼間部に入ると寮費も払えないような学生だけとした。そして、夜間部の学生は日中一〇時間なんらかの仕事をして夜二時間学科を学習することが条件とされた。この条件は夜学校に在籍する一年間もしくは二年間適応された。学生は寮費より少し多めの額を労賃として支払われるが、その中のほんの一部以外はすべて学校の財務に預けられて、一～二年後に昼間部に入ったときの寮費として使われるという取り決めだった。夜間部はこのようにして始められたが、現在では夜間部だけで、四五七名の学生が在籍している。

私たちの学校全体の中でこの部門ほど、学生の価値を確かめる厳しいテストとなるところはなかった。夜間部は学生の気骨を確かめる良い機会となるので、私は夜間部に大きな価値を置いた。誰であろうと、夜間二時間学科を勉強する権利を得たいがために、一年も二年も日中一〇時間レンガ作業所や洗濯場で働こうと思う者は、それ以上の教育を受けるに足るに十分な底力がある。

夜間部を終えた学生は昼間部に入り、そこで週に四日学科の勉強をし、週に二日は職業訓練を受ける。これ以外にも、学生はたいてい夏の三か月間職業体験をする。夜間部の厳しい試練をうまく乗り切った学生は、概して昼間部での職業訓練と学科習得を終りまでやり通す。自由になるお金があっても、肉体労働をせずに学校を卒業することは許されない。実際、今では学科分野と同じように職業訓練も人気がある。タスキーギ学院の卒業生で最も成功している男性や女性のなかに、夜間部から学び始めた者がいる。

タスキーギ学院では職業訓練に強調が置かれたが、宗教的精神的側面を少しでもないがしろにしたわけではない。学院は厳密な意味で超教派であるが完全にキリスト教主義で、学生の精神的訓練を怠ってはいない。説教と礼拝、祈祷会、日曜学校、クリスチャン・エンデヴァー協会、ＹＭＣＡ、その他多くの宣教団体の活動が学校で行われていることでも、それは明らかである。

学校の初期の頃大きな役割を果たしてくれたオリビア・デイヴィッドソン先生についてはこれまでもすでに言及してきたが、彼女と私は一八八五年に結婚した。結婚してからも、彼女は家庭と学校の両方のために時間と力を割り振ってくれた。彼女は校内での仕事を続けただけでなく、北部での募金活動もこれまで通り行なってくれた。四年間幸せな結婚生活を送り、八年間喜んで学校のために懸命に尽くしてくれた後の一八八九年に、彼女は天に旅立った。彼女が心から愛していた仕事にたゆまない努力を続けた結果、彼女は文字通り身をすり減らしてしまった。私たちの結婚生活の間に、二人の美しく賢い息子――ブッカー・トリヴァとアーネスト・デイヴィッドソンが生まれた。兄のブッカーはタスキーギ学院でレンガ製造の技術をすでに習得した。

これまでに何度も、私がどのようにして演説をするようになったかと聞かれた。演説をするために多くの時間を割くようになるとは全く予想していなかったと私は答えることにしている。物事をすることについて単に話すことよりは、物事をすることの方に私はいつも熱意を傾けていた。私がアームストロング将軍と北部に行きそこでいくつかの集会で演説をした時（これについてはすでに述べたが）、全国教育連盟 (National Educational Association) の会長であるトマス・W・ビックネル閣下が会合の一つに出席していて、私の演説を聞いていた。彼は数日後、次の教育連盟の大会で私に演説してほしいとの招待状を送ってきた。この大会はウイスコンシン州のマディソンで開かれるということだったが、私は承諾した。ある意味では、これが私の演説家としての始まりだった。

私が教育連盟の大会で話した晩は、おそらく四千人を下らない人々がそこにいたと思う。私は知らなかったが、そこにはアラバマ州からも多数が出席しており、タスキーギの町から出席している者もいた。後でそこにいた白人が率直に話してくれたが、彼らはこの大会で南部に対する手厳しい非難を聞くだろうと予想していたという。しかし、私の演説の中に非難の言葉が何も聞かれなかったので驚いたという。それどころか、南部がなしてきたすばらしい事について私は賞賛したのだった。タスキーギ町のカレッジで教えている白人の婦人は町の地方紙に「タスキーギ学院開設のとき町の白人たちが申し出た援助について、ワシントン氏が賞賛したので驚くとともに感謝もしている」と書き送った。マディソンで行なったこの演説は、私が人種問題全般を大きく取り上げて話した最初のものだった。これを聞いた人々は私が話したこと、また私の立場全般を好ましいと思ったようだった。

タスキーギに来た最初の時から、私はここを私の故郷とすると心に決めていた。そして、白人が誇りを抱くような町の人々の正しい行いについては、私も同様に誇りを抱くし、白人が認めないような間違った行いについては、私も同様に認めないと決めていた。私は演説の中で、南部で言えないようなことは、北部でも言わないと決心していた。早いうちから、私は非難することにより人の心を変えることは難しいことを学んだ。なされたすべての間違いにだけ注意を向けるよりは、実行された立派な行いすべてを賞賛する方が、人を変えることが多いということを学んだ。

この心構えでいる一方、南部の責められるべき間違いについては、時期を見計らい適切なやり方で、はっきりと注意を促すことにもやぶさかではなかった。間違った政策に対する率直で正直な批判に、すぐに反応する人々が南部にはかなりいることに気づいた。批判が必要であれば、南部の批判を述べるべき場所は南部であって、ボストンではない。ボストンの男がアラバマに来てボストンの批判をしても、ボストンでそれと同じ批判を言う人ほどには効果がないことだろう。

人種問題に関して求めるべき政策として、マディソンでした演説の中で私がとった立脚点は次の通りだった。それは、お互いに感情を傷つけ合うようなことをするのではなく、あらゆるふさわしい方法を動員して、両人種を同じテーブルに着かせ、友好的な関係を築くことを奨励すべきであるという考えだった。またさらに選挙に関しては、ニグロは千マイルも離れていて自分の利益と何の関係もない人を喜ばせようとして投票するのではなく、自分が住んでいる地域の利益をもっと優先して考えるべきだと主張した。

この演説の中では次のようにも話した。「ニグロの将来全体はニグロが自分の技術、知性、特性を生かして、誰にも認められる価値を地域にもたらし、地域にとって必要欠くべからざる存在となることができるかどうかにおおよそかかっている。他人よりも何かより優れたことができるようになった人――つまり普通の事でも普通と違ったやり方でできる人――は、肌の色に関わりなく自分の問題を解決できた人である。ニグロが人々の望んでいるものを生産することを学べば学ぶほど、それに比例してニグロは尊敬を得るだろう。」

また演説の中で一人の卒業生の例を話した。彼は一エーカー当たり平均四九ブッシェルのサツマイモを生産する地域で、一エーカーにつき二六六ブッシェルの生産を可能にした。これは土壌の化学的性質に関する知識と進んだ農業技術の新しい知識を駆使して可能になった。近隣の白人農家の人々が彼に敬意を払うようになり、サツマイモの栽培について彼の意見を聞きにきた。この卒業生が技術と知識を使って、彼が住む地域の人々の生活に何らかの豊かさと快適さを増し加えることができたので、白人農家たちは彼を信頼し尊敬するようになった。ニグロ教育に関する私の持論は黒人を農業生活――良質で収穫の多いサツマイモ生産――にだけ限定しようとするものではない。そうではなく、この分野で成功するのであれば、黒人は自分の子どもや孫が人生のさらに高く重要な目標に向かって成長できる基礎を置いたことになると、私は説明した。

最初の演説で広範な人種問題について述べた私の考え方を要約すれば、このようなものだった。それ以来、この演説の主要な点について私の考える理由は未だ何も見出していない。

私の若い頃には、誰でもニグロについて悪口を言う人や、黒人を抑圧し、その成長する機会を完全に奪うような政策を提唱する人に対して、私は反感を抱いたものだった。しかし今は、誰かが他人の発展を阻止するための政策を提唱するのを聞く度に、私はその人を気の毒に思う。このような間違った考え方をする人は、その人自身がそれ以上の段階まで成長する機会に恵まれなかったからだと私は思う。その人は世界の進歩を妨げようとしていると私は考える。人類が発展とたゆまぬ前進を続ける中で、いずれ彼は自分の貧しい狭い考えを恥ずかしく思うだろうから、私は彼を気の毒に思う。人類がいっそうの知性と文化と技術と自由を、そして共感と兄弟愛を求めて成長しようとするのを阻止することは、線路に身を投げて、力強く走る列車の前進を阻止しようとするのと同じことである。

マディソンで行なわれた全国教育同盟の大会で演説をしたことにより、私は北部に広く名が知られるようになった。その後間もなく、北部のさまざまな場所で演説の機会が与えられるようになった。

しかしながら、私は代表的な南部の白人に向かっても直接的に話しかける機会が巡ってくればいいと願っていた。そのような願いが部分的にでも実現するきっかけは一八九三年にジョージア州アトランタで開催されたクリスチャン・ワーカーズ（Christian Workers）の国際大会の時に訪れた。大会から依頼を受けたが、大会の時期に私はボストンでの先約があり、アトランタで話すことは不可能に思われた。それでもよく日時と場所を検討した結果、演説が予定されている時間の三〇分前にアトランタに着くボストン発の列車に乗ればいいことが分かった。アトランタに六〇分間いることが出来、その後、またボストンに向かう列車に乗ればいいと考えた。アトランタからの依頼状には演説は五分以内と明記されていた。そこで問題は、果たしてそのような長い旅をしてまでも、五分間の演説の中に何かそれに値するほどのものを盛り込むことができるかということだった。

アトランタの大会に集まるのは男性も女性も白人有力者であることが分かっていたので、それらの人々に私たちがタスキーギで試みていることを知らせ、また人種問題について話すには、滅多にない機会になるであろうと私は考えた。それで、私は出かけることにした。大会では、南部と北部の主に白人からなる二千人の聴衆に、私は五分間の演説をした。私が話したことは聴衆に好意的に受け入れられ、感動を巻き起こしたようだった。翌日のアトランタの各新聞には私の演説についての好意的なコメントが掲載され、国内のほかの地域の新聞にも大々的に取り上げられた。南部の有力者に聞いてもらうという私の目的をある程度達成したと私は感じた。

演説の依頼は、黒人の同胞からも北部の白人からも同じくらいの割合で来るようになり、増え続けた。タスキーギ学院の差し当たっての仕事の合間に、できるだけこれらの依頼にも応えるようにした。北部で行なう演説のほとんどは、学校を支える募金活動という直接的な目的を持っていた。黒人の前で行なう演説は、学問的および宗教的訓練に加えて職業的技術的訓練も重要であることを力説することが主な目的だった。

そのうち、私の人生の中で人々に最も大きな関心を呼び起こしたように見える一つの出来事に出くわすことになる。それどころかこの出来事により、私はある意味で国民的と呼ばれるほどの評判を獲得することになった。それは一八九五年九月一八日にジョージア州アトランタで開催された「アトランタ・綿花生産諸州・国際博覧会」の開会式で私が演説を行なったことである。

この出来事については多くのことが語られ書かれているし、この演説に関して私に多くの質問も寄せられている。それでこの事について少し詳しく述べても許されることだろう。ボストンから駆けつけたアトランタでの五分間の演説についてはすでに述べたが、その時の演説により、私は再びアトランタで演説を行なう機会を与えられることになったのだろう。一八九五年の春、アトランタの著名な市民の連名による電報を受け取った。それは、連邦議会の委員会で博覧会のための政府援助金の陳情をするため、アトランタ市の委員会のメンバーがワシントンに行く時に同行してほしいという依頼の電報だった。博覧会委員会のメンバーはジョージア州でも最も著名で有力なおよそ二五名の白人男性から成っていた。この委員会のメンバーで白人でないのは、グラント主教、ゲインズ主教と私だけだった。連邦議会の委員会の前でアトランタ市長、それから州および他の市からの役人が陳情した。その後二人の黒人主教が続いた。私は陳述者のリストの中で最後だった。そのような委員会に出るのは初めてだったし、国の首都で何か述べるのも初めてだった。何を言うべきか、また私の話がどんな印象を与えることになるのか大変心配だった。何を話したか詳しくは覚えていないが、政府の委員に強い印象を与えようとできる限り誠実で率直な言葉遣いを心がけた。もし政府議会が南部の人種問題を解決し人種間の友好関係を作り出す援助をしたいと望んでいるのなら、黒人と白人双方の物質的・知的向上をあらゆる方法で推進すべきであることを述べた。また、アトランタ博覧会は奴隷解放後どれほど進展があったのかを双方の人種に示すよい機会になるだろうし、同時にさらに大きな進歩を促進することになるだろうとも述べた。

私が強調したことは次のようなことだった。すなわち、ニグロは不公平な扱いによって選挙権を奪われるべきではないのはもちろんだが、政治的に煽動してもニグロの救いにはならないこと、また、投票権を持つための背景として、ニグロは財産、職業、技術、経済力、知性、それに品性を持っていなければならないこと、そして、これらを所有することなしにはどんな人種でも永続的な成功を手に入れることはできないことを強調した。この博覧会のために予算歳出を許可すれば、連邦議会は双方の人種にとって真に永続的に価値あると評価されることを実行できるし、博覧会は南北戦争後に与えられる初めての大きな機会になるだろうと述べた。

私の話は一五分から二〇分ほどのものだったが、驚いたことに、話しが終ると出席していたジョージア州の委員からも連邦議会の委員からも心からの拍手を受けた。委員会は全会一致で予算計上に賛同する報告書作成を決定し、数日のうちには、議案が議会を通過した。この議案が通過したことにより、アトランタ博覧会の成功は保証されることになった。

ワシントンに行ってから間もなく博覧会の責任者は次のように決定した。解放後のニグロの進歩を展示することだけを目的として、大きくて魅力ある館を建てて、黒人の存在を認めるのにふさわしい企画にする。さらに決定されたことは、その建物はすべてニグロによって設計され、ニグロの技術で建築されるという内容だった。そしてこの計画が実行された。設計、美しさ、仕上がりとどの点に関しても、その「ニグロ館」は会場の他の館に引けを取らなかった。

ニグロに関して独立の展示をすることが決まると、その責任を誰が負うかということが問題になった。運営委員達は私がその責任を負うことを希望したが、私はタスキーギ学院の仕事に時間と精力が必要だという理由で断った。主に私の推薦により、ヴァージニア州リンチバーグのI・ガーランド・ペン氏がニグロ部門の責任者に選ばれた。彼に私はできる限りの助力を惜しまなかった。ニグロ展示館は全体として大規模で賞賛に価するものだった。この展示館で最も大きな注目を集めたものは、ハンプトン学院とタスキーギ学院からの二つの展示だった。「ニグロ館」を見て最も驚くと同時に喜んだのは、南部の白人だった。

博覧会開会の日が近づくと、運営役員会は開会式のプログラムを準備し始めた。プログラムに入れるさまざまな要素について日々議論を重ねるなかで、開会式の演説者のなかにニグロも入れるべきか否かが議題になった。この博覧会でニグロは相当際立った役割を担っていたからである。演説者をニグロからも立ててその存在を認めることは黒人と白人の双方にとってよい感情をかもし出すことになるだろうと議論された。もちろんニグロの権利をそのような形で認めない人々もいたが、南部の著名で進歩的な部分を代表している人々から成る役員会は自分たちの意見を押し通し、開会式の演説者の一人に黒人を招くことを多数決で決めた。次に誰がニグロを代表するのかを決めることになった。数日間その議案について議論された結果、開会式の演説者の一人を私に依頼することが全会一致で決定された。数日後、正式な依頼状を私は受け取った。

この依頼状を受け取って、このような立場に置かれた人でなければわからないような責任が私にのしかかった。この依頼状を受け取ったときの私の気持ちは何だっただろうか？　私は自分が奴隷だったことを思った。私は幼少時代を極貧と無知の只中で送った。これほど責任ある役割を担うような下地となるような機会には全く恵まれていなかった。ほんの数年前だったならば、会場にいる白人の誰かが私のことを自分の奴隷だと言ったかもしれない。実際、私の旧主人が私の演説を聞きに開会式に来る可能性は少なからずあった。

私の同胞の一人がこのような重要な国の行事で南部白人の男女と同じ壇に上り話を頼まれるようなことは、未だかつてニグロの歴史では起こった事のないことだった。それが今回、私の旧主人たちを代表するような南部白人社会の富と文化を構成する聴衆に向かって話すように頼まれたのだった。聴衆の大部分は南部の人々だろうが、私の同胞が男性も女性も多数出席するのはもちろんのこと、それに加えて多くの北部の白人もそこに集うことが分かっていた。

真実で正しいと心の底から思うこと以外は言うまいと固く決心していた。私への依頼状のなかには、私が言うべき事柄とか言うべきでない事柄について一言の示唆もなかった。この依頼状の中に込められている、役員会の私に対する敬意を感じた。役員達は私のひと言が博覧会の成功を大きく損なうことになるかもしれないと知っているはずだった。私の同胞を裏切らないことを言わなければならないが、一方、その場にふさわしくないことを言えば、その後何年も黒人がそのような場所で話す機会を失わせる結果を招くということを痛いほど意識した。私は南部白人社会の有力者にも北部の人々にも同じように誠実に、言うべきことを言おうと固く決意していた。

北部でも南部でもさまざまな新聞が、予定されている私の演説についての議論を取り上げ、開会が近づくとこの議論がさらに広く行われるようになった。南部白人向けの新聞では、私が演説をする企画に反対の意見が少なくなかった。私の黒人同胞からは、何を言うべきかについて多くの意見が寄せられた。私はできる限りの準備をしたが、九月一八日が近づくにつれて心は重たくなり、自分の準備したものが失敗に終わり、みんなの失望を招くのではないかと怖れた。

その依頼を受けた時期は、学院の新学年が始まったばかりで私はとても忙しかった。演説を準備してから、妻と演説を検討することを特に大切なことだと思っていたので、いつものように一緒に読み直し、妻も私の言おうとしていることに賛成してくれた。アトランタに向かう前日の九月一六日、タスキーギの先生方の多くが私の演説を聞きたがったので、私は皆の前で演説を読むことに同意した。読み終わってから、彼らの批評や感想を聞いて、私はいくらかほっとした。彼らは話の内容を良いと思ってくれたようだった。

九月一七日の朝、妻と三人の子どもを連れてアトランタに向かった。まるで絞首台に向かおうとする人の気分だった。タスキーギの町を通り抜けていくと、少し離れた農村に住む白人の農場主に会った。彼はふざけた調子で次のように言った。「ワシントンさん、あなたはこれまでに北部の白人の前と、南部のニグロの前、それに私たちのような南部田舎の白人の前でも演説をなさいましたな。しかし明日アトランタでは、北部白人、南部白人、ニグロが一堂に集まりますね。ずいぶん危ない綱を渡ることになりますな。」この農場主は状況を正しく診断して見せたが、彼のずけずけとした言い方は私に慰めを与えるものではなかった。

タスキーギからアトランタに向かう列車の中で、乗り込んできた黒人も白人も私を指差し、私に聞こえる場所で全く何の遠慮もなく、明日起ころうとしていることについて議論していた。アトランタ駅で一人の委員が出迎えてくれた。列車から降りて最初に聞こえてきたのは、近くにいた一人の年老いた黒人男性の言葉だった。「あれが明日博覧会で演説する人で、わしらと同じ黒人だ。わしは聞きに行くことに決めているだ。」

その時、アトランタは文字通り人々で埋め尽くされていた。人々が全国の各地から来ていたし、外国や軍や市民団体の代表者もいた。午後の新聞には大きな見出しで次の日の催しが予告されていた。これらすべてが私の重荷を増した。その夜はあまり眠れなかった。次の日まだ夜が明ける前、私は言うべきことを念入りに見直した。私は跪き神に祝福を求めた。ここで付け加えて話しておくのがいいと思うが、どんな折であれ、人前で話す時は内容について私はまず神の祝福を求めることにしている。

私はそれぞれの演説の度ごとに念入りな準備をすることを、いつもモットーとしている。全く同じ聴衆というものはない。それぞれの会場の聴衆に向かい、個人的に心を打ち明けるときと同じように、その心に届くように話すのが私の目標である。聴衆に話すとき、私の言うことについて新聞がどのように書き立てるのか、他の会場だったら反応はどうなのか、ある人物にどのように受け取られるかなどについて気にしたりはしない。話す瞬間には、私の目の前にいる聴衆に私の心と思いとエネルギーのすべてが注がれる。

朝早く一人の委員が、博覧会場まで続く行列のなかで私のために決められた位置まで案内するためにやってきた。行進の列にはニグロの軍人組織からの参加者がいたし、著名な黒人市民も馬車に乗っていた。行進するそれらすべての黒人がふさわしい位置にいるか、ふさわしい取り扱いを受けているかについて、博覧会の委員達は特に気を遣っているように見えた。行進が博覧会場に着くまでに、三時間ほどかかった。その間ずっと、太陽は容赦なく私たちの上に照りつけた。会場に着いた時、暑さと精神的緊張から私は倒れるのではないかという気がしたし、演説は失敗に終るのではないかと思った。会場に入ると、会場は上から下まで満員で、中に入れない多くの人が外に溢れていた。

会場はとても広く演説をするのにふさわしい場所だった。私が会場に入ると、聴衆の中の黒人から盛大な拍手が起こり、白人からはわずかな拍手が聞こえた。アトランタに着いてから私は次のように告げられていた。私が話すのを聞きに来る白人の多くは単なる好奇心から来ていること、一方私に心からの共感をもっている白人もいること、それ以上に多くの白人は私をバカにするために、あるいは少なくとも私が何かバカなことを言うのを聞くために来ていること、その挙句、私に演説を依頼した委員達に向かって「だから言ったではないか」と言うために待ち構えてそこに出席しているのだと。

タスキーギ学院の理事の一人で、私の個人的な友人でもあるウイリアム・H・ボールドウィン・ジュニアは当時南部鉄道の支配人だったが、その日たまたまアトランタに来ていた。彼は私がどんな受け入れ方をされるか、私の演説がどんな反響を起こすのかあまりにも心配だったので、建物の中に入ることができなかった。それで、開会式が終わるまで、会場の外を行ったり来たり歩き回っていた。

第14章　アトランタ博覧会での演説

アトランタ博覧会――前の章で述べたように私はそこでニグロを代表して演説を依頼されていた――はブロック知事の短い挨拶で幕が開けた。続いてジョージア州のネルソン主教による開会の祈り、アルバート・ホーウエル・ジュニア氏による開催への奉献祝詞、博覧会委員長と婦人部部長ジョセフ・トンプソン夫人による挨拶と印象深く開会式が進行した後、ブロック知事が私を紹介した。「ニグロ共同体とニグロ文化の代表をご紹介いたします。」

私が立ち上がると、特に黒人出席者からかなりの拍手が沸き起こった。今思い起こすと、最も私の心を占めていたことは、人種間の友好関係を固め、両者間に心からの協調関係をもたらすようなことを話したいという願いだった。私が立ち上がったとき、周囲の状況に関してはっきりと思い出すたった一つのことは、熱心に私の顔を見つめる多くの眼だった。私は次のような演説をした。

委員会会長および委員の皆様、そしてお集まりの皆様にご挨拶申し上げます。

南部の人口の三分の一はニグロが占めております。この地域で、経済の発展、市民生活や道徳の向上を目指そうとすれば、どんな企画も人口のこの部分を無視して成功は望めません。委員会会長殿と委員の皆様に多くの黒人同胞を代表して申し上げたいことは、この輝かしい博覧会の企画すべての段階で、委員の皆様ほどにアメリカのニグロの価値と魂を大きな心でふさわしく評価してくださった方々はこれまでになかったということです。これは、奴隷解放の暁以来どんな機会にもなかったほどに、双方の人種の友好関係を固めることになる評価であります。

それだけではありません。ここに繰り広げられていることは産業発展の新機運に私たちを目覚めさせる機会です。われわれ黒人が新しい夜明けを迎えた初期の頃、無知で経験もなかったので、われわれが基礎ではなく表層から事を始めようとしたのも無理はないことでした。われわれは不動産や技術を求めないで、政府議会や州議会に当選することを求めました。政治集会や街頭演説のほうが、酪農や野菜栽培を始めることよりも人気がありました。

何日も大海を漂流していた船が、ある日突然、助けを受けられそうな船を遠くに発見します。遭難船のマストからは信号旗が掲げられます。「水を求む。水を。死が迫れり。」ともう一方の船からはすぐ答えが返ります。「現在地でバケツを下ろせ。」再び信号旗が掲げられる。「水を求む。水を！」また答えが返り「現在地でバケツを下ろせ」と。三回目も四回目も水を求める信号旗に答えが返る。「現在地でバケツを下ろせ。」遭難船の船長はついにその指令に従うことにし、バケツを下ろした。するとアマゾン川の河口から流れ出る真清水で満たされたバケツが引き上げられた。外国の地でより良い生活を目指そうとしたり、南部の白人との友好関係を築くことの重要性を認めない我が同胞諸君に私は申し上げたい。「現在地でバケツを下ろせ」――われわれの周囲のすべての人と胸を張って友となり、バケツを下ろしなさい――と。

農業、機械工、商業、家内使用人であろうと、専門職であろうと、それぞれの分野で、バケツを下ろしなさい。これに関連して心によく留めるべき事柄は、たとえ南部がもろもろの悪に対して責任が問われているにしても、仕事に関して、ニグロが商業社会で活躍の機会を与えられるのは南部においてであることは、単純明瞭な事実です。そしてそのような機会を何よりも雄弁に語っているのが、この博覧会です。奴隷解放という大きな飛躍のなかで、われわれ大多数は自分の手で生産した物によって生活すべきだという事実を見逃すかもしれないことは、最も大きな危険と言えます。また、平凡な労働を尊び、人生の平凡な職業に知性と技術を注ぐ割合に応じて人は向上するものだということを忘れる危険、表面的なものと実質的なもの、装飾的見掛け倒しのものと実際的なものを見分けることを学ぶ割合に応じて人は向上することを忘れる危険があります。どんな人種であろうと、田を耕すことが詩を書くことと同じように尊厳ある仕事であることを学ばない限りは、向上はありません。不平不満を連ねて、われわれの前にあるチャンスを曇らせるべきではありません。

外国生まれで異国の言葉と習慣を持つ人々の入植を南部の繁栄のために期待している白

人の皆様にも、許されるなら、私は私の黒人同胞に語ったことを繰り返して申し上げます。「現在地でバケツを下ろせ」と。八〇〇万人のニグロの真ん中にバケツを下ろしてください。皆様はすでにニグロの習慣をご存知でおられるし、ニグロの裏切り者があれば皆様のお宅の破滅を意味した時代に、ニグロの忠誠心と愛情をすでにお確かめになっています。ストライキも労使闘争もせず、皆様の畑を耕し、森を切り開き、鉄道を敷き町を建設した人々、大地から宝を収穫し、このすばらしい展示会場に代表される南部の発展を可能にしたニグロの真ん中にバケツを下ろしてください。この会場でしてくださっているように、知性と労働と精神の教育についても我が黒人同胞を助け励まし、皆様のバケツをニグロの真ん中に下ろしてください。そうすれば、ニグロは皆様の休閑地を買って、皆様の荒れた土地に花を咲かせることもできるし、皆様の工場を経営することもできるでしょう。このようにすれば、昔と同じように将来に亘っても、皆様とご家族は世界でも最も忍耐強く、誠実で、法を守り、怒りを抱かない人々にずっと囲まれていることになるでしょう。皆様のお子様を子守し、皆様の父上や母上の病床に付き添い、その後は涙にくれながらお墓にお送りすることも多かった私たちニグロは、忠誠心のあることをすでに証明しております。将来に亘っても、必要とあれば皆様を守るために命を投げ出す用意もある私たちは、他の外国人には真似できないほど謙遜に献身的に皆様の味方であり続けることでしょう。双方の人種の益が一つとなるように工業、商業、公共、宗教のすべての面で力を合わせることができます。純粋に社会的なすべての点では手の指が五本に分かれているように私たちは別々かもしれませんが、手が一つであるように、互いの発展に向かって不可欠なことすべての点で、私たちは一つになることができます。

誰にとっても身を守り安全を確保する道は、高い知性を獲得してすべての人が向上すること以外にありません。もしもニグロの全面的向上を妨げるような試みがある場合には、その試みを方向転換させ、ニグロを鼓舞し励まし最高に有益で知性のある市民にするための努力に変えようではありませんか。努力と方法に投資すれば一〇〇〇パーセントの利子がついてくることでしょう。このような努力は二倍にも祝福されることでしょう――「施すものと受けるものを共に祝福するのだ(17)」。

人による法でも神による法でも、当然の帰結から逃れることはできません――

「正義の不変な法則があり　抑圧者は被抑圧者と運命を共にする。
罪の業と苦しみはぴったりと寄り添い、終わりの日に向かって歩みを共にする(18)」。

およそ一六〇〇万もの手が、皆さまのさらなる発展に力を貸すことになるでしょうか。それとも皆様に背いて皆さまの発展を妨げることになるでしょうか。南部において三分の一以上を占める黒人を無知なまま犯罪人としておくのでしょうか。それともその三分の一が知性と進歩に寄与することになるでしょうか。私たち黒人は南部の商工業の繁栄に三分の一の貢献をする可能性もあるでしょうが、黒人が国家発展のための努力を停滞させ、抑圧し、後退させる、屍同然のものになる可能性もあるでしょう。

博覧会に来られた皆様方に、私たち黒人の進歩の結果を展示するつたない努力をお見せすることになりますが、どうぞ過大な期待はなさらないでください。三〇年前、所有するものと言えば布団とかぼちゃと鶏（それもあちこちからかき集めたもの）ぐらいの物を元手に、新たな人生を始めました。この僅かなものを出発点に農具、荷馬車、蒸気機関車を工夫製造し、新聞、書籍を発行し、彫像、彫刻、絵画を制作するまでに、また雑貨屋や銀行の経営までに漕ぎ着けた道は棘と茨に満ちた険しいものでした。私たちだけの力で作り上げたこの展示に誇りを抱いておりますが、それと同時に、この博覧会の中で私たちの参加した部分がこれほどすばらしいものになったのは、絶えず私たちを教育しご支援くださった南部諸州の皆様のお力によると共に、援助と溢れるほどの祝福と励ましをいつもお与えくださった北部諸州の特に慈善家の皆様のお力によることを忘れてはなりません。

我が同胞諸君のなかでも賢い者は、社会的地位の平等について扇動することは過激で愚かなことだと理解しています。私たちがすべての特権を享受しようと目指す進歩は、強制的人工的な力によるのではなく、絶え間ない厳しい努力の結果として実現しなければなりません。世界市場になんらかでも貢献ができない人種は程度の差はあれ、とっくの昔に葬り去られています。法の前にあるすべての特権は私たちのものだというのは重要であり、正しいことです。しかし私たちがこれらの特権を行使するために準備を整えることは、それ以上にはるかに重要です。今の時点では、一ドルを工場で働いて手に入れる機会がある方が、オペラ劇場で一ドル使う機会があるより、はるかに価値あることです。

終わりに繰り返し述べさせていただきますが、この博覧会ほどに私たち黒人に希望と励ましを与え、黒人が白人の皆様に近づく機会は、これまでの三〇年間にかつてなかったことでした。皆様と私たち双方の人種が事実上何も無いところから三〇年前に始めた努力の結果を表すこの会場をいわば祭壇として、その前に私は額づき、固く約束申し上げます。南部の前に神が置かれた複雑な大問題の解決に努力されている皆様方と、私たち黒人同胞は忍耐強くこれからも常に力を合わせます。この建物の展示物に代表されるさまざまなもの——田畑、森林、鉱山、工場から生まれた産物や製品、文学・芸術などの作品——を、多くの幸せが生まれる機会とすることを忘れないようにしましょう。物質的利益をはるかに越えるそれ以上の善きものが生まれるようにと神に祈りましょう。対立の違いを越え、人種間の憎しみと猜疑心を克服し、絶対的な正義を実現する決意をし、すべての階級の人々が自らの意志で法の命令に従う日が来ますようにと、神に祈りましょう。このことが実現した時に初めて、物質的な繁栄と相まって、私たちの愛する南部に新しい天地がもたらされることでしょう。

私が演説を終えて最初に思い出すことは、ブロック知事が演壇の向かい側から駆け寄り私の手を取ると、他の人々も同じようにしたことだった。私は心を込めた盛んな拍手を浴び、建物から退出することができないほどだった。それでも、私の演説が与えた印象を少しでも理解したのは翌日アトランタの中心街に出かけた時だった。驚いたことに、私と分かると私を指で差して、握手しようと大勢の人が私を取り囲んだ。私が行く先々で同じことが起こるので、私は面くらい草々に宿舎に戻った。その次の日に私はタスキーギに戻った。アトランタの駅でも、タスキーギまでの途中で停車する駅の度ごとに、大勢の人々が熱狂的に私に握手を求めた。

合衆国のあらゆる地域の新聞が私の演説の全文を掲載し、その後何か月間も、演説に対する賞賛の論説が掲載された。アトランタのコンスティチューション紙の編集長クラーク・ハウエル氏は、あるニューヨークの新聞社に次のような電報を送った。もっと長いものだったが、次のような文がその中にあった。「昨日のブッカー・T・ワシントン教授の演説はその内容においても、聴衆の暖かい反応においても、これまで南部でなされた中で、最も記念すべき演説の一つだと言っても過言ではない。演説は天の啓示とも言うべきものだった。演説全体は黒人と白人が共有できる全き正義の宣言である。」

ボストンのトランスクリプト紙の論説は次のようだった。「今週行なわれたアトランタ博覧会でのブッカー・T・ワシントンの演説は、開会式のその他のプログラム、ひいては博覧会全体の催しを陰に霞ませるほどにすばらしいものだった。演説が新聞界に引き起こしたセンセーションはこれまでに類を見ないほどのものである。」

すぐに講演会企画団体や新聞・雑誌社から、あらゆる種類の講演や執筆の依頼が舞い込むようになった。ある講演企画団体は、ある一定の契約期間講演の依頼に応じてくれるなら、講演謝礼に五万ドル、一晩の宿泊その他の費用に二百ドルを支払うということだった。これらの申し出に対して、私の使命はタスキーギ学院にあること、私が講演するなら、いつでもそれはタスキーギ学院と私の黒人同胞のためにするのであること、私の講演に何か商業的価値だけを望んでいるような契約には応じないと、私は返答した。

この演説の数日後、私は演説のコピーをグロヴァー・クリーヴランド大統領にお送りし、大統領から自筆で次のような返事をいただいた。

ブッカー・T・ワシントン殿

拝啓

アトランタ博覧会で貴殿がなさった演説のコピーをお送りくださいまして、御礼申し上げます。

演説をして下さったことに対して深く感謝申し上げます。大変興味深く演説を読ませていただきました。博覧会は、この演説の機会を設けたというだけで、その役割を十分に果たしたと思います。貴殿のお言葉は貴殿の同胞諸君の福祉を願うすべての人を喜ばせ励ますことになったと思います。わが国の黒人市民諸君は、貴殿の演説を聞いて新しい希望を抱き、市民権が保証するすべての価値ある利点を享受しようと決意を新たにしない訳にはいかないことでしょう。

敬具

グロヴァー・クリーヴランド

マサチューセッツ州バザード・ベイ市グレイゲイブルズ
一八九五年一〇月六日

その後クリーヴランド氏が大統領としてアトランタ博覧会に来られた時に、私は始めて彼に会った。私や他の者の求めに応じ、大統領は「ニグロ館」の見学に一時間割くことになり、そこにいた黒人と握手する機会となった。クリーヴランド氏と会ってすぐに、私は彼の率直さ、偉大さ、それに飾らない正直さに感銘を受けた。それ以来私は公の場面やプリンストンの彼の家で何回も彼に会っているが、会えば会うほど私の彼に対する敬愛の気持ちは増した。彼がアトランタで「ニグロ館」を訪れた時には、その一時間をすっかり黒人問題に捧げているように見えた。少しのぼろをまとっただけのある年老いた黒人の「ばあや」と、まるで百万長者に挨拶するかのように心を込めて握手し、それを喜んでいるようだった。多くの黒人がこの機会を逃すまいと本や紙切れに大統領のサインを求めた。彼はまるで重要な国家の書類にサインするかのように、心を込めて忍耐強くサインに応じた。

　クリーヴランド氏は個人的に私と大変親しくしてくださっただけでなく、私たちの学校に対して私がお願いすることはいつも何でも引き受けてくださった。個人的な寄付もして下さったが、彼の影響力を使って他の方々から寄付を募ることもしてくださった。私の個人的なお付き合いから判断すると、彼には黒人に対する偏見があるとは思えない。偉大な彼にそのようなことは考えられない。私がいろいろな人とお付き合いしてきたことから分かったことは、偏見は自分のためだけに生きる矮小な狭い考えの人のものである。それらの人々は良書も読まず、旅もせず、自分の心を他人の魂と触れ合わせることをせず、また外の大きな世界とも触れ合おうともしない。自分の肌の色にこだわっている人は世界の崇高なものや最上のものに触れることはできない。さまざまな場所で多くの人々と会ってきたが、最も幸せな人は他人のために最善を尽くす人であり、最も惨めな人は他人のために何もしない人である。人種に対する偏見ほどに人の視野を狭め盲目にするものはないことも悟った。私は日曜日の夜のチャペルでしばしば学生に向かってこのように話す。長生きをすればするほど、また世の中で経験を積めば積むほど確信するのだが、結局のところ、そのために生きる価値があり必要とあれば死ぬ価値がある唯一のことは、誰か他人をより幸せにし、より有益な人にするために尽くす業である、と。

黒人も黒人系新聞も最初のうち、私のアトランタでの演説とそれに対する反応を大変喜んでいるように見えた。しかし最初の熱狂が沈静化し始め、息の通わない活字で演説を読むようになると、彼らは睡眠術にかけられていたと感じ始めた。私の南部白人に対するコメントがあまりにも寛大であると感じたようであり、また、黒人のいわゆるさまざまな「権利」と呼ばれるものについて、十分に強く主張しなかったと感じたようだった。しばらくの間、私の同胞のある一定の人々の間には最初の反応への反動があった。しかしその後、彼らも私の信念と行動に納得させられてきているように見えた。

人々の感情の変化と言えば、タスキーギ学院が設立されてから一〇年ほど経ったときの経験を忘れることができない。当時プリマス教会の牧師で、かつ、アウトルック誌（当時のクリスチャン・ユニオン誌）の編集長だったライマン・アボット博士が私に寄稿を求め、私の観察に基づいて南部の黒人牧師の精神的道徳的な観点からの実態について意見を述べてほしいということだった。私は私の確信に基づいた実態を述べる文を寄稿した。その実態はどちらかというと黒い影のあるものだった――私は黒人なので、むしろ「白い」影と呼びましょうか？　まだ解放されてから数年しか経っていないし、有能な牧師を養成する時間も機会も十分でなかったので、牧師の実態はそれ以上のものであるはずはなかった。

私が寄稿して述べたことは、すぐに国内のすべてのニグロの牧師に広まったと思うが、牧師たちから非難の手紙を少なからず受け取った。この記事が発行されてから一年間は黒人のあらゆる協会、あらゆる大会、あらゆる宗教団体の会合が開かれるところではどこでも、私を非難する決議をするか、私が言ったことに対する取り消しか修正の要求を決議する前に、会合を閉じることはなかった。これらの団体の多くが、タスキーギに子どもを送らないようにと親に呼びかける決議をするまでに及んだ。ある協会では、タスキーギに子どもを送ることについて両親に警告するための「宣教師」を任命したほどだった。この宣教師の子どもはタスキーギ学院に在学していた。彼は「宣教師」として他人の子どもについて何か言ったり行動したりはしたが、自分の息子についてはタスキーギ学院から退学させようとはしなかった。黒人向けの多くの新聞、特に宗教団体の発行する新聞は声を揃えて記事を非難し、取り消しを求めた。

このすべての批判と騒ぎの渦中、私は何も弁明もせず、取り消しもしなかった。私は自分が正しいことを知っていたし、時が経ち人々が我に返れば私の正しいことを分かってくれると思っていた。そのうちに教会の主教や指導者たちが牧師の実態について詳しい調査を行い始め、私が正しいことが判明した。事実、メソジスト教会の一管区の最長老で最も影響力を持つ主教は、私の述べた言葉ですら、穏健すぎると言った。間もなく人々の感情も自ずと聖職者の浄化を要求し始めた。浄化が完成したとは決して言えないが、私の述べた言葉がきっかけとなり、教会の講壇にもっと高潔な人材を送るようにという要請が行われるようになったと多くの最も影響力ある牧師たちが私に話した。このことを私のうぬぼれで言っているのではない。私をかつて非難した多くの人々が私の率直な言葉に心から感謝してくれていることをうれしく思っている。

ニグロ聖職者の態度は完全に変わったので、私に関することを言えば、現在の私には聖職者の中に最も親しい友人たちがいる。ニグロ聖職者の態度と生活の向上は黒人全体の向上の最も感謝すべき証拠の一つである。これらの経験や私のこれまでの人生の他の出来事から私は確信しているが、言ったことや行ったことが正しいと信じていることについて非難されるときになすべきことは、じっとして、静かにしていることである。その人が正しいのなら、時が証明する。

私のアトランタでの演説についての議論が沸騰していた最中に、私はジョンズ・ホプキンズ大学の学長で、アトランタ博覧会の展示優秀賞の選考委員長を務めたギルマン博士から次のような手紙を受け取った。

ワシントン殿

アトランタ教育庁企画による展示優秀賞の審査委員になっていただきたいのですが、いかがでしょうか。もしよろしければ、貴殿のお名前を審査委員の一人として、名簿に載せさせていただきたいと思います。電報をお待ちしています。

敬具

D・C・ギルマン

ボルティモア市ジョンズ・ホプキンズ大学・学長室

一八九五年九月三〇日

私はこの手紙を受け取り、博覧会の開会式で演説を依頼された時以上に驚いた。審査委員として黒人学校の展示だけでなく、白人学校の展示も審査するのである。私は依頼を承諾し、一か月間アトランタにいて、その義務を果たした。審査委員会は六〇人からなる大規模なものだった。委員は南部白人と北部白人とだいたい半々だった。その中には、大学の学長、著名な科学者や文学者、さまざまな分野の専門家もいた。その委員達の会合で、委員の一人であるトマス・ネルソン・ペイジ氏[19]は私をその部門の書記に推薦し、その動議は全会一致で可決された。私たちの部門のおよそ半数の委員は南部人だった。白人学校の展示を審査する際、どの会場でも私に敬意を示してくれた。この仕事の終りに私は共に仕事をした仲間との別れを惜しむに至った。

私の黒人同胞の政治的現状や将来像について、もっとわたしの意見を自由に述べるようにとしばしば求められる。アトランタ博覧会でした経験をいろいろ振り返るこの機会を利用して、黒人の政治的状況についての私の意見を簡単に述べてみよう。これまで多くを述べることはなかったが、能力、品性、財産所有が伴ってこそ、それにふさわしい政治的権利が南部のニグロに与えられる日がやってくるというのが、私の信念である。しかしながら、そのような政治的権利をいくらかでも自由に享受する機会は外部からの人工的圧力を通して実現されるものではない。それは南部白人自身がニグロに与えるべきものであって、それらの権利の施行にあたって南部白人自身が北部などの圧力によらず、黒人を保護するようになってこそ実現されるものであると、私は思う。自分たちがしたくないことを、「よそ者」とか「外部者」に強制的にさせられているという古くからある感情を南部の人々が克服すればすぐに、私が将来きっと実現するだろうと述べてきた方向へ状況は変化すると私は信じている。実際、わずかではあるが、すでにその変化が起こり始めている兆しがある。

私の話していることの意味を説明してみよう。アトランタ博覧会の開幕の何か月か前に、開会式での役割や展示優秀賞の審査員をニグロの一人に依頼しようという提案が南部以外の出版関係者や公的関係者から出されたと仮定しよう。そのような役割を担うことに黒人が認められる可能性はあっただろうか。私はその可能性はなかったと思う。ニグロの進歩に報いようとして、アトランタ博覧会の委員は、黒人にそれらの役割を与えることが義務であり喜びであると感じてその案を実行した。どんなことであろうと、肌の色や人種に関係なく他人の長所を認めて、結局はそれにふさわしく報いようという人間本来の性向を阻止するものはない。

ニグロの政治的権利を全面的に認めてもらうための、財産、知性、高潔な人格を持つようになれば、ゆっくりではあるが確実に影響力が働くことに信頼して、政治的な主張する際は穏健に振舞うことがニグロの義務である――すでに多くのニグロが行っていることである――と私は思う。全面的な政治的権利が付与されることは、自然でゆっくりとした成長の結果であるべきで、一夜にしてトウゴマの蔓(つる)を成長させる(20)ような事柄ではないと思う。ニグロが投票すべきでないとは私は思わない。人は水に入らなければ泳ぎを覚えることもないからである。しかし、投票にあたって、ニグロは自分の地域の中にいる知性や品格ある人々の意見を聞くべきであると私は思う。

南部白人たちの励まし、援助、助言を得て、何千ドルという財産を手に入れた黒人たちがいることを知っているが、それらの黒人は投票に関しては、決して白人に助言を求めようとしない。これは愚かで理に適っておらず、このようなことは止めるべきである。ニグロがへつらうべきであるとか、主義主張に基づく投票をすべきではないと私は言っているのではない。もしニグロが主義主張も持たずに投票するのであれば、その瞬間、ニグロは南部白人の信頼と尊敬をいっそう失うことになる。

どの州(21)であろうと、無知で貧しい白人には投票を許し、同じ条件の黒人に投票を許さないような法律を作るべきではないと私は思う。そのような法律は正しくないばかりではない。すべての不合理な法律には、時がくれば、反動が起こる。そのような法律の結果として、ニグロには教育と財産を獲得することを奨励するが、同時に該当する白人には無知と貧困のままでいることを奨励することになる。知性を働かせ、友好的な人種関係を築き上げることを通して、何時の日にか、南部の選挙での不正が行われなくなる日が来ると私は信じている。黒人の投票をごまかすような白人は、すぐに、白人の投票をごまかすことを覚える。このようなことをする者は、他人の所有物を奪ったり同等の重大な罪を犯したりして、欺瞞に満ちた人生を終えることになることは明らかであろう。南部がすべての市民に選挙権を与える日はいつか来るというのが、私の考えである。どんな点から考えて見ても、人口の半数が政治に参加せず関心も抱かないような状態から生まれる政治的停滞よりは、健全で活力のある生活を目指すことの方が利益は多い。

原則として、私はすべての国民の自由投票権に賛成する。しかし、南部においては特殊な事情があり、多くの州では、一時的なものであれ、学歴資格か財産資格の一方、または、その両者による資格制限を設けることが認められている。どのような資格審査があるにしても、両人種に公平に平等に適用されなければならないと私は思う。

第15章　演説のコツ

博覧会開会式の会場で、私のアトランタ演説がどのように聴衆に受け入れられたかに関しては、戦争取材記者として著名なジェームズ・クリールマン氏に語ってもらうのが良さそうである。クリールマン氏は開会式に出席していて、次のような記事をニューヨークのワールド誌に電送した。

九月一八日アトランタ発

今日、クリーヴランド大統領がグレイ・ゲイブルの自宅からアトランタ博覧会の開会を宣言する電報を入れようとしていた頃、白人聴衆の前に一人のニグロのモーセ(22)が立ち、南部の歴史に新しい時代を画す熱弁を奮い、軍のニグロ部隊がジョージア州とルイジアナ州の民兵と共に町を行進した。今夜アトランタ市全体が、かつて例のないこの二つの出来事の持つ重大な意味に感動している。ニューヨークのニューイングランド協会でヘンリー・グレイディ(23)が行った不滅の演説以来起こった出来事で、この博覧会の開催自体もそうであるが、新しい南部の精神をこれほどに意味深く表わすものはない。

アラバマ州タスキーギにある黒人のための職業訓練校校長ブッカー・T・ワシントン教授が開会式場の演壇に立つと、太陽は聴衆の頭上を越えて彼の目を照らし、彼の顔全体は預言者の持つ炎のような熱情で輝いていた。その時、ヘンリー・グレイディの後継者と言われるクラーク・ハウエルが私にささやいた。「この男の演説がアメリカの道徳革命の始まりになるぞ。」

南部の白人男女からなる聴衆を前になんらかの重要な行事で、ニグロが演説をするのは、これがはじめてのことだった。壇上の彼の姿に聴衆は興奮した。聴衆から湧き上がる声はまるで旋風のうなりのようだった。

トンプソン夫人が挨拶を終えて席に着かないうちに、聴衆のすべての眼が演壇の前列に座っていた背の高い、褐色のニグロの上に注がれた。それが（アラバマ州の）タスキーギ師範・職業訓練学院の院長であるブッカー・T・ワシントン教授だった。彼こそアメリカの黒人の中で、これ以後、最も先頭に立つべき人物である。ギルモア楽団が「星条旗」を演奏し、拍手が沸き起こった。曲は「ディキシイ」に変わり、聴衆は金切り声をあげて「ハイ・ヤイ」と叫んだ。また曲が変わり、次ぎは「ヤンキー・ドゥードル」になり、叫び声は静まった。

この間ずっと、そこにいる人の何千という眼がまっすぐにそのニグロ演説家を見ていた。奇妙なことが起ころうとしていた。誰にも妨げられないで、一人の黒人が自分の同胞黒人を弁護する話をする筈だった。ワシントン教授が壇上の端に歩みよると、西に低く傾いていく太陽が窓から彼の顔を真っ赤に照らした。歓声が彼を迎えた。彼は目に入る太陽を避けるため顔をそむけ、よい位置を探すため演壇の上で少し場所を移動した。その後、彼は瞬きもせずに、立派な顔を太陽の方に向けて、話し出した。

彼の姿は際立っていた。スー族の酋長のように背が高く骨太で姿勢がよかった。広い額、筋が通った鼻、しっかりとした顎、それに意志の強そうな引き締まった口、大きな白い歯、射抜くような眼を持ち、威風堂々としていた。ブロンズ色の首の辺りには筋肉が盛り上がり、褐色の手に鉛筆を握って、たくましい腕を高く振り上げた。おおきな足のかかとをぴったりとつけ、つま先を前に開き、真っ直ぐに立っていた。声ははっきりと正確に響き渡り、要所要所で彼は感銘深く間をおいた。一〇分も経たない内に、群集は興奮の渦に巻き込まれた。ハンカチが振られ、ステッキが振られ、帽子が空に舞った。ジョージア州の最も美しい女性たちが立ち上がり、拍手をした。まるで、この演説家が彼女らに魔法をかけたかのようだった。

そして彼が黒い手を頭の上に挙げ、その一本一本の指を思い切り広げてみせて、南部の白人に向かって自分の同胞のために次のように語った。「純粋に社会的なすべての点では手の指が五本に分かれているように私たちは別々かもしれませんが、手が一つであるように、互いの発展に向かって不可欠なことすべての点で、私たちは一つになることができます。」すると、人々の歓声がうねりとなって壁に響き渡り、全聴衆が足を踏み鳴らし熱狂した。その瞬間、私はヘンリー・グレイディがデルモニコ・レストラン〔ニューヨークの有名なレストラン〕の宴会場でタバコの煙が輪を描く中で立ち上がり話したことを思い出した。

「私は大勢の議会派の中にいる王党派だ。[24]」

私はこれまでにもさまざまな国の偉大な演説家の話を聞いてきた。しかしグラッドストーン[25]でさえも、太陽の光輪の中に立ち、かつて彼の同胞を奴隷にしておくために戦った人々に囲まれているこの骨ばったニグロほどに圧倒的な力で主張を繰り広げることはできなかったことだろう。人々の歓声はいっそう高まったが、彼の顔に浮かぶ誠実な表情は変わることがなかった。

ぼろの衣服をまとった体格のいい黒人が通路の床に座り、燃える瞳と震える面持ちで演説家を見つめていた。一段と拍手が高まると、彼の頬には涙が伝い落ちた。聴衆の中のほとんどのニグロは泣いていた。わけも分からずに泣いていた。

演説が終ると、ブロック知事が演壇に駆け寄り、演説家の手をとった。再び歓呼の声が上がり、しばらくの間、二人は手をとったまま顔を見つめ合い、立ち尽くした。

アトランタの演説の後、タスキーギ学院での当面の仕事から時間が割けるときには、いくつかの演説を引き受けた。特に私の黒人同胞のためになると考える分野に関連するもので、いつも、私の使命としている仕事と私の同胞の必要について自由に語るという了解がある場合には、演説を引き受けた。また、私は専門的な講演家として演説するのではないし、単なる商業的利益のために話すのではないことを了解してもらった。

いろいろな演説を行ってきたが、なぜ人々が私の話を聞きに来るのかは理解できない。この疑問は私から離れたことはない。私が演説を予定している会場に多数の男女が押しかけているのが会場の建物に面した通りから見えると、私は貴重な時間を無駄にさせている——とそのように思えるのだが——原因が自分であるのが恥ずかしく感じられたことが何度もある。何年か前、私はウイスコンシン州のマディソンにある文学協会で演説をすることになっていた。演説の予定されている一時間前に、ひどい吹雪となり数時間続いた。私は誰も聴衆はいないだろうと覚悟を決めたが、義務として会場の教会に出かけた。すると教会は人々で満員だった。大変びっくりし、その夜は一晩中その驚きから抜け出すことができなかった。

演説の時に緊張するかとよく聞かれるが、その反対に、あまりしょっちゅう演説をするので慣れきっているだろうと聞かれることもある。これらの質問に対して、話す前にはいつも極度に緊張すると私はお答えしなければならない。一度ならずとも重大な演説した時に、演説前の緊張があまりに大きかったので、もう二度と人前で話すのは止めようと決意したほどである。私は演説の前に緊張するが、それだけでなく、終った後にはたいてい、重要な点や話すつもりだった一番良い部分を言いそびれたように思えるので、何かしら後悔する。

しかしながら、最初の緊張の後話し始めて一〇分も経つと、それを埋め合わせる大きな報酬を感ずる時が来る。聴衆を完全に捕らえたと感ずる瞬間であり、聴衆と私が互いに思いを完全に共有していると感ずる時である。演説家が自分の思いのままに多数の聴衆を捕らえたと感ずる時ほどに、精神的にも身体的にも喜びが与えられる瞬間は、他のどんな活動でも滅多に得られないことであるように思える。その瞬間、聴衆と演説家の間は共感と一体感の糸で結ばれ、その強い糸はまるで手で触れることができ、目に見えると思われるほどである。千人の聴衆の中で、私の考えに共感せず、疑いを抱き、冷たく批判的な人がたとえ一人でもいれば、私はその人を見つけ出すことができる。その人を見つけると、私はその人に向かって話しかける。彼の態度が軟化していくのを見ると、大きな満足を感じる。そのような人に一番効く処方箋は、物語の形で話しかけることである。もちろん、単にエピソードを語るだけの目的で、エピソードを挿入したりはしない。そのようなものは、空疎で内容がなく、聴衆はすぐそれを感づいてしまう。

演説家が単に話すことだけを目的に演説をするのであれば、それは演説家にとっても聴衆にとっても正しいことではないと思っている。演説家は、伝えるべき事柄に心の底から確信が持てない限り、演説をすべきではないと私は思う。誰かの個人的問題であれ、社会的問題であれ、それに手を貸すために何か言わなければならないことがあると、つま先から頭のてっぺんまで確信が抱けたときにこそ、その人は話すべきである。そのような確信があるときには、話す時のみせかけの雄弁術はあまり役に立たないと私は思う。間のとり方や、呼吸の仕方、声の出し方などは大変重要であるが、これらはどれも、演説に込められる魂に取って代わることはできない。私が演説する時には、正しい英語文法とか修辞法など、その類のものはすべて忘れたいと思っている。また、聴衆にもこれらすべてを忘れさせたいと思っている。

私が話している途中で誰かが部屋を出て行くことほど、たちまちのうちに私の心を乱すものはない。これを防ぐため、私は演説をできるだけ興味深いものにしようと試みている。興味を引きそうな事実を次々と述べ、誰も部屋を出ることがないようにしたいと思っている。平均的な聴衆は、一般論とか説教じみた話よりは、事実を好むものだと思うようになった。事実を興味深い形で示せば、たいていの人はそれに基づいて適切な結論を引き出すことができるものだ、と私は思う。

私が好きなタイプの聴衆として、例えばボストン、ニューヨーク、シカゴ、バッファローに見られるような、意識が高く力のある実業家の団体を一番に挙げたい。これらの団体ほどに、素早く話しの要点を理解し、手応えがある聴衆を他には知らない。過去数年間、私は合衆国の大都市で先端を行くこのようなさまざまな団体の前で話す光栄に与った。これらの実業家の団体の心をつかむ一番良い機会は、すばらしい晩餐の後である。ところが、これまでに考案された拷問手段の中でも最悪なものは、一四ものコース料理の間中座らされて、その一瞬一瞬に、自分の話はきっと惨めな失敗と失望に終ると演説家に感じさせる慣わしだと私は思う。

そのように長時間にわたる晩餐会に、私は滅多に出席することはない。それは、私が奴隷の少年だったころに住んでいた小屋の記憶を失いたくないし、またいつでもその記憶に帰っていきたいからである。私が決して忘れたくない記憶は「お屋敷」から一週に一度もらえるモラセ〔糖蜜〕のことである。農場にいた私たちの普段の食事はトウモロコシパンと豚肉だったが、日曜日の朝、母は三人の子どものために「お屋敷」からモラセを家に持ち帰ることが許された。モラセをもらう時、どんなにか毎日が日曜日だったらいいのにと思ったことだろう。自分のブリキ皿を抱え、甘いモラセを入れてもらった。モラセを注いでもらっている間、私はいつも目を閉じていた。目を開けた時に、こんなにもらったと驚きたいからだった。目を開けてから、私は皿をあちこちと傾けて、モラセが皿全体に広がるようにした。このようにして皿全体に広げれば、モラセが増えるし、長く楽しめると信じきっていた。日曜日の朝のご馳走について、このような子どもっぽい考えを固く信じていたので、モラセは皿の隅にあっても――皿に隅があるとしたらであるが――皿全体に広げても、その量は同じだと私に考えを変えさせるのはむずかしいことだったろう。いずれにしても、モラセのシロップを「隅に集める」のをいいと思ったことがない。私がもらうシロップの分け前はたいてい大匙二杯分だった。この二匙のモラセを食べる喜びは、演説をする前に出される一四ものコース料理より大きかった。

実業家の次に私が好きな聴衆は、南部の人たちであり、両方の人種が一緒でも別々でもよかった。彼らが見せる熱意と反応はいつも喜びだった。黒人たちから思いのままに発せられる「アーメン」とか「まことに」などの合いの手が入るので、話し手は活気づき演説は更に熱を増す。その次に私が好きな聴衆として、私は大学生を挙げる。ハーヴァード、イエール、ウイリアムズ、アムハースト、フィスク、ペンシルヴェニア、ウエスレー、ミシガン、トリニティ・カレッジ（ノースキャロライナ州）、その他多くの優秀な大学で演説をすることができたのは、光栄である。

演説が終ってから私に握手を求めてくる多くの人が、ニグロを「ミスター」と呼ぶのは初めてのことだと言うのを聞くと、とても感慨深く思う。

タスキーギ学院に直接関係がある演説をするときは、行く町の要所要所で、続けて演説会を行うように前もって計画する。それらは、教会、日曜学校、クリスチャン・エンデヴァー協会や紳士クラブ、婦人クラブなどである。このようにして、一日の内に四団体の前で演説をすることもある。

三年前のことであるが、ジョン・スレイター基金の理事会は、ニューヨークのモリス・K・ジェサップ氏〔注16参照〕と基金の代表役員も務めるJ・L・M・カリー博士〔注15参照〕の提案により、ミセス・ワシントンと私のために費用を出し、元の奴隷所有州の特に大都市の黒人のために演説会をシリーズで開くことを決定した。この三年間毎年、私たち二人はこの任務のために何週間も費やした。私たちの計画は、私が午前中に牧師や教師や有識者に話すこととし、午後はミセス・ワシントンが婦人たちを対象に話し、夜は大集会で私が話す、というものだった。たいていの場合、多くの黒人と共に白人も集会に参加していた。例えばテネシー州のチャタヌーガでは三千人以上の聴衆が集まり、その中の八百人は白人だということだった。この時ほどに、心から楽しく思い、何かを達成したと感じたことはない。

これらの集会は、ミセス・ワシントンと私が黒人の現状についての正確な生の情報を得る機会となった。家庭、教会、日曜学校、職場、及び、刑務所や犯罪の巣窟にいる黒人の姿を直接見ることができた。また、これらの集会を通して、人種間の関係を見ることができた。これらの一連の集会に携わった後には、黒人について希望を抱くようになった。そのようなイヴェントの機会には、多くのことが表面的で欺瞞もあることを私は知っている。しかし私はいろいろ経験を積んでいるし、表面的な徴とか冷めやすい熱狂によってだまされることはない。私は、冷静に実務的に物事の深層と事実を知るための努力をしてきた。

最近、自分はよく事情を知っていると主張する人が「ニグロ全体の九〇パーセントの女性は貞淑ではない」と述べているのを読んだ。ある人種についてこれほどに卑しい欺瞞に満ちた言葉はないし、これほどに事実に裏づけされていない供述はない。

私のように二〇年間南部の中心で黒人と接している人なら誰でも、物質的にも、教育的にも、道徳的にも、黒人がゆっくりではあるが確実に進歩してきたことを確信できる。もし誰かが白人男性について何か証明したいからといって、ニューヨーク市の最悪な例を証拠としても、これが公正な判断ではないと誰でも思うであろう。

一八九七年の初め頃、私はボストンのロバート・グールド・ショウ[26]の記念碑奉献式で演説するようにとの依頼を受け取った。私は依頼を承諾した。ロバート・グールド・ショウが誰であり何をしたかは説明するまでもない。彼の記念碑は州議事堂の向かい側にあるボストン・コモン公園の入り口に建立されている。記念碑は国内で最もすばらしい芸術作品に数えられている。

奉献に関連した行事はボストンのミュージック・ホールで行われた。大きなホールは上から下まで人々で埋め尽くされ、市の最も著名な人々がこれほど一堂に会したことがないほど多数いた。出席している人々の中には、国中の有名なかつての奴隷制度反対派が多くいて、将来これほど多く集まることはないと思われるほどだった。当時マサチューセッツ州知事だったが今は亡きロジャー・ウォルコット閣下が主宰者で、会場にはその他、多くの委員と何百という著名な人々がいた。この時のことについて私が述べるよりも、ボストンのトランスクリプト紙が述べていることを紹介したほうがいいだろう。

昨日の午後ミュージック・ホールで友愛会（the Brotherhood of Man）の行事があったが、その行事の中心で核となった出来事は、なんと言っても、タスキーギ学院の黒人院長によるすばらしい演説である。ウォルコット知事が「ブッカー・T・ワシントン氏は昨年の六月、わが国で最も古い大学であるハーヴァード大学から、彼の黒人同胞に対する賢明な指導力に対して名誉修士号を授けられました」という紹介の言葉があった。国旗で埋め尽くされ、熱狂的で暖かく、愛国心に燃える雰囲気に満ちたミュージック・ホールの雰囲気の中に、ワシントン氏は立ち上がった。人々はここにマサチューセッツ州で古くから叫ばれた奴隷制廃止の精神を貫いた市民の正しかったことを、ワシントン氏の人物のなかにボストンに昔からある不屈の信念が正しかったという証拠を、そしてワシントン氏の力強い考え方とすばらしい演説のなかに南北戦争時代の苦しみと闘いが勝ち取った栄冠を、ひしひしと感じた。その光景は歴史上画期的な美しさであり、深い意義を持っていた。「冷たい」と言われるボストンはその日、正義と真理に対していつも心に抱いている熱い炎を燃え上がらせた。休日には家族中で町の外に出かけているはずで、滅多に町の公共施設に姿を現さない人々が、押すな押すなとその場所に詰めかけ溢れかえった。その名声と業績が市民の名誉と誇りであるような何百という最良の男女市民を生み出してきたボストン市は、その日、市の誕生からあるその精神を祝う場となった。

軍歌が意気揚々と演奏された。次々と入場し演台に立つ市の役人、ショウ連隊長の友人たち、記念碑の製作者である彫刻家ゴーデン卿、記念碑設立委員会の委員、州知事とその幹部、マサチューセッツ州第五四連隊に属していたニグロ兵士たちに、暖かい絶大な拍手が鳴り止まなかった。アンドリュー知事時代の幹部であるヘンリー・リー連隊長はジョン・M・フォーブス氏の代理として、ジョン・M・フォーブス氏と委員会に対する賛辞を短く格調高く述べた。ウォルコット知事は短く印象に残るスピーチのなかで、「ワグナー要塞は黒人の歴史に残る画期的な場所であり、要塞は雄々しさを象徴するものになった」と述べた。クインシイ市長がボストン市に捧げられた記念碑を受け取った。ショウ連隊長と彼の黒人連隊員についての物語が勇壮な言葉で語られ、「私の目が主の栄光の現れるのを見た」の讃美歌が終ると、ブッカー・ワシントンが立ち上がった。もちろんの事、その瞬間こそ彼にふさわしかった。それまで通常のシンフォニー・コンサートほどに静まりかえっていた聴衆は、押さえ切れない興奮にどよめいた。聴衆は一丸となって、何十回となく足を踏み鳴らして拍手し、手を振り、万歳を叫んだ。そして、教養にあふれ力強い声を持つ、肌の黒いこの男が話し始め、スターンズ少将[27]やアンドリュー元州知事[28]の名前を口にすると、聴衆の感情は高まった。兵士たちと市民の目には涙が光った。演説家は演壇の黒人兵士たちの方を向き、傷を負ってもなお高く掲げていた旗を手にして微笑むワグナー要塞の旗手の方を振り返ると、こう話した。「散り散りになり、手足を失うまでになって生きのびた第五四連隊の兵士諸君、今日この式典を祝って出席している諸君にとって、諸君の連隊長はいまだ生きている。たとえボストンが記念碑を建てず、歴史が連隊の物語を記録しなかったとしても、諸君の心の中に、諸君が代表する忠実な黒人の心の中に、ロバート・グールド・ショウ自身が決して古びることのない記念碑を打ち立てることだろう。」

この瞬間、その式典の興奮は頂点に達した。共感を寄せる市民の代表者であると同時に最高行政官でもあるマサチューセッツ州知事のロジャー・ウォルコットが最初に立ち上がり、「ブッカー・T・ワシントン万歳！」と叫んだ。

演壇にいた人々のなかには、ワグナー要塞の黒人旗手でアメリカ国旗を掲げていたマサチューセッツ州ニュー・ベドフォード出身の勇敢な黒人軍曹ウイリアム・H・カーニーがいた。彼とその連隊のほとんどが戦死したにもかかわらず死を免れ、戦闘が終ると「この古びた旗は倒れなかったぞ」と叫んだ人である。

この旗をカーニー軍曹は手にして、演壇の上に座っていた。私が黒人連隊の生存兵のほうに向き直って話しかけ、カーニー軍曹について言及すると、彼は本能的とでもいうように、立ち上がりその旗を高く掲げた。これまで多くの場所で演説し、多くの場合喜ばしくも熱狂的な反応を受ける栄誉に与かってきたが、この時ほどに、ドラマティックな反応を経験したことはなかった。数分間というもの、聴衆はまったく制御できないほどの状態に陥ったようだった。

米西戦争〔一八九八年四月～八月〕終了後の祝賀ムードが一般に漂うなかで、数箇所の大都市で講和祝賀式典が計画された。シカゴ大学の学長で、シカゴ市祝賀式典の招待客委員会の座長を務めるウイリアム・R・ハーパー氏から、私はその式典で演説をするようにと依頼を受けた。私はそれを引き受け、その祝賀週間の間二つの演説をした。最初の演説が主要なものだったが、これは一〇月一六日（日）の夜に大講堂で行われた。国内でこれまでした演説の中で、この時の聴衆が一番多かった。同じ夜、市内の別な二箇所でも演説をしたが、そこでも溢れるほどの聴衆がいた。

大講堂には一万六千人の人々がいたということであり、その他にも中に入ろうとして外にいる人々が大勢いたように思われる。警官の誘導なしには、誰も入口に近づくことはできなかった。ウイリアム・マッキンリー大統領を初め、閣僚、多くの外国の大臣、陸軍や海軍の士官、終ったばかりの戦争で功績があった多くの人々が臨席していた。日曜日の夜の演説者は、私の他に、ユダヤ教ラビのエミール・G・ヒルシュ、トマス・P・ホドネット神父と、ジョン・H・バロウ博士だった。

その祝賀会の様子を報道したシカゴのタイムズ・ヘラルド紙は、私の演説について次のように書いた。

彼は、民族として死に絶えることよりもむしろ奴隷として生きながらえることを選び取ったものとしてニグロを描写した。クリスパス・アタックスが[(29)]、アメリカ独立戦争の初め、黒人が奴隷制度の中に留め置かれているのに、白人のアメリカ人が自由を得るために血を流した例を対照的に述べた。ニューオーリンズの戦い〔米英戦争一八一二～一八一四〕[30]の時、ジャクソン将軍〔後に第七代大統領に選ばれる〕の下で戦争に協力したニグロの功績を述べた。また黒人奴隷制度を永続させるために戦っていた白人の主人が戦場に出ている間〔南北戦争中〕、南部の黒人奴隷がその留守家族を守り支えていた姿を痛ましいほどにはっきりと描いてみせた。ポート・ハドソンやワグナー要塞、ピロウ要塞〔いずれも南北戦争の戦場〕での黒人連隊の勇ましい活躍を物語り、自分たちの国では法律的にも社会的にも不当な差別があったにもかかわらず、それを差し置いて、エル・カネイとサンチアゴを襲撃し〔米西戦争一八九八年で戦場となったキューバの地名〕スペインの圧政下にあった人々を解放に導いた黒人連隊の勇敢さを褒め称えた。

これらすべての出来事において、彼の黒人同胞はいつもより良い選択をしてきたと、演説者ははっきりと主張した。その後、彼は白人のアメリカ人に向かって、雄弁に訴えかけた。「ニグロが米西戦争で勇敢に戦った詳しい様子を、北部や南部出身の兵士の口から聞き、元奴隷制廃止論者からも元奴隷所有者からも聞いたからには、このように国のために喜んで死ぬ覚悟のある黒人たちが、国のために生きられるように最大のチャンスを与えるべきかどうかを決めるのは、皆様方です。」

演説の中で最も激しくセンセーショナルな興奮を呼び起こしたと思われた部分は、米西戦争のときに大統領がニグロの力を認め、黒人を任用したことに対して、私が感謝の言葉を述べた部分だった。大統領は演壇の右にある貴賓席に座っていた。私が貴賓席に向かって話しかけ、大統領の寛大な計らいに対する感謝の言葉を述べ終わると、全聴衆は立ち上がり、何度も万歳を繰り返し、ハンカチや帽子やステッキを振り回したので、ついに大統領は立ち上がり、頭を下げて答礼した。それを見ると、興奮は再び高揚し、その様子を書き尽くすことはできないほどになった。

シカゴでの演説の一部分を、南部の報道機関は誤解したようだった。南部の新聞社の中にはかなり強く私を批判するものもあった。これらの批判は数週間にわたって続いた。ついに、アラバマ州バーミンガムで発行されているエイジ・ヘラルド紙の編集長から私は手紙を受け取り、演説のその部分で私が言おうとしている意味について述べるようにと頼まれた。私は返信を書き、それで私の批判者は納得したようだった。その返信の中で、私がいつも守っている原則は、南部の聴衆に向かって言えないことは北部の聴衆に向かっても言わないということだと述べた。長々しい説明はする必要がないとも述べた。南部の真っ只中で私が一七年間してきた仕事が十分な説明にならないというのならば、それ以上の言葉による説明は見つからないと述べた。「経済的社会的関係」における人種的偏見を取り払ってほしいと、アトランタの演説でしたのと同じ訴えかけをした。社会的承認と呼ばれている問題を私は議論したことがないと述べ、この問題についてアトランタの演説で述べたことを、この返信のなかで引用した。

公の会合で会う大勢の人々のなかで、私が怖れるタイプの人がいる。それは偏狭者である。私はこのような人に何度も出会っているので、今では遠くからでも彼らが人を掻き分けて私に近づくのを察することができる。平均的な偏狭者は手入れの行き届いていない長い髭を生やし、細面で、黒のコートを羽織っている。着ているベストとコートの表面は油染みていて、ズボンの膝部分はたるんでいる。

シカゴのある会合で話した後、私はこのタイプの一人に会った。このタイプの人は、たいてい世界の諸悪を一度に癒す処方箋を持っている。このシカゴの偏狭者は三～四年間もトウモロコシを保存できるという特許申請中の処方箋を持っていた。もし南部のニグロが彼の処方箋を採用すれば、人種問題全体は解決すると彼は確信していた。現在の問題はニグロに一年間十分なトウモロコシの生産方法を教えることだと彼に説得しようと試みても何もならなかった。もう一人のシカゴの偏狭者は、国中の全国的規模の銀行を廃止する運動に私を参加させようという計画を持ち出した。もしこれが実行されれば、ニグロは自立できると彼は確信していた。

人の時間を無駄にしようと邪魔する人は数え切れないほど多い。ボストンで夜に大会衆の前で演説したときのことである。次の朝、部屋に名刺が運ばれてきたので、起こされた。名刺には、ある人が私に非常に会いたがっているというメッセージがあった。非常に重要な用事であろうと思い、急いで服を身につけ、下に降りた。ホテルのフロントに着くと、一人のぼんやりとしていて何も考えのない男が私を待っていて、涼しい顔で述べた。「昨晩のあなたのお話を聞いておりました。あなたのお話が気に入ったので、もう少しお話しを伺いたいと思って今朝ここに来ました。」

私はタスキーギ学院を監督する一方、学校から離れることも多いが、どのようにしてその二つが両立可能なのかとよく聞かれる。これに対する部分的な答えとして、私は昔から言われている「あなた自身ができることを、他人に任せるな」の格言を無視することを挙げる。その一方で、私のモットーは「他人でもできることは自分でするな」である。

タスキーギ学院に関して一番心強い点は、組織がうまく機能していて、学校の日々の仕事がある一定の個人の存在に依存していないことにある。講師と事務員も含め学校全体の職員は現在八六名を数える。全体の職務はよく組織され、よく分担されているので、日々の学校運営は時計じかけのように円滑に運ばれる。ほとんどの教師はこの学校に長く働いていて、私と同じくらいに学校を大切に思っている。私の留守の間は、財務担当で学校に一七年間在職しているウォーレン・ローガン氏が校長代理を務める。彼の仕事を、ミセス・ワシントンと忠実な秘書のエメット・J・スコット氏がてきぱきと助ける。スコット氏は私宛の大量の通信をさばき、学校の日々の様子を私に知らせ、人種問題に関して南部で起こっている事柄について私に報告してくれる。彼の機転のきく知恵と熱心な仕事ぶりに、私は言葉にできないほど負うところが多い。

私がタスキーギに居ても居なくても、学校の主要な執行機能は、管理職会議と呼ばれるところに中心がある。この会議は二週間に一度開かれるが、学校の九つの部門の九人の部長から成る。例を挙げるなら、故・元上院議員ブルース氏の未亡人であるB・K・ブルース夫人は女性校長で、会議のメンバーである。彼女は在学する女子学生の生活全般を世話する職員の代表者である。管理職会議の他に、六名から成る財務委員会があり、毎週開かれて、その週の支出を決定する。一月に一度、時には一度以上、すべての講師が出席する職員会議が開かれる。これらの他にも、フェルプス・ホールの聖書学校の講師や農業部門の講師の職員会議のように数多くの小さな会議がある。

学校の活動をいつも把握するために、私が国内のどこに居ようとも、報告書が年間を通して毎日私に届くようなシステムを採っている。これらの報告書により、私はどの学生がどんな理由で退学になるのか――健康問題なのかその他の問題なのか――さえも分かる。これらの報告書を通して、学校の現金収入額も分かるし、何ガロンの牛乳と何ポンドのバターが酪農部から生産されたかも分かる。教師や学生のための献立が何か、何が茹で肉となり何が天火焼きの肉になったか、食堂で出される野菜は店で買われたものか、学校の農園から収穫されたものかも分かる。人間というものは世界どこでも同じで、畠に出て行きサツマイモを掘り上げ洗うのに時間をかけるよりは、店で売られている米――鍋に入れさえすればいいような米――を買う誘惑に陥り易い。

その大部分が人を相手にしている仕事を多く抱えるなかで、休養したりレクレーションをしたりする時間があるのかとよく聞かれるし、どんなレクレーションやスポーツが好きかと聞かれる。この質問に答えるのはなかなかむずかしい。私は次のように考えている。人はそれぞれ、自分自身に責任を負っているし、自分が果たしている役割に責任を負っている。健康で活力ある身体を維持し、安定して強い精神を持ち、いざというときに備えていなければならないし、失望や試練が降りかかってくるときにも備えている必要がある。私は日々計画を立てることにしている――毎日決まった仕事を単にこなすだけではない。その日のできるだけ早いうちに決まった仕事は片付けてしまい、その後、新しい仕事やその先の仕事に手をつける。毎日自分の事務室を出る前には、すべての通信物やメモも含め机を片付けることにしている。そうすれば、次の日はさっと新しい仕事に取り掛かれる。仕事に追い回されるのではなく、仕事を自分の手中に収め、仕事を手なずけ、仕事の先を行くことにしている。そうすれば、私は仕事に服従するのではなく、仕事の主人となる。仕事の細部に至るまでの完全な主人であることを意識すると、身体的にも心理的にも霊的にも喜びがわいてくる。心からの満足感があり、精神が高揚する。このような処方箋を学び取った人は、仕事から身体的な回復力と精神的な活力を得て、いつまでも力と健康を維持することができると、私の経験が語る。人が自分の仕事を愛するところまで成長すれば、その人は何にも代えがたい強さを獲得したことになる。

朝仕事を始めるときには、その日がうまく行き、楽しい日であればいいと考える。と同時に、不愉快なこと、予想外の困難にぶつかることも覚悟する。学校の建物が火事になって燃えてしまうとか、何か嫌な出来事が起こるとか、公の場や印刷物で、私が何かしたとかしなかったといっては罵倒され、私の発言――それも私が考えてもいなかったこと――について誰かから聞いたといっては罵倒される、等々。

一九年間たゆまず仕事を続けてきて、わたしが取った休暇はただ一度だけである。二年前のことであるが、友人たちが私の手に無理やりお金を握らせ、ミセス・ワシントンと私を二か月間ヨーロッパに行かせた。自分の身体のコンディションを整えておくのは、人としての義務であると私はすでに述べた。身体の小さな故障に気をつけていれば大きな故障は防げると考えて、それを実行しようと私は努めている。もしよく眠れないようなことがあれば、何かが良くないと私にはわかる。私の身体機能のどの部分でも少しでも弱ってあまり機能していないと感じた場合は、医者に相談する。いつでもどこでもよく眠れると都合がいいと私は思う。一五分でも二〇分でも横になり休眠して身も心もすっきりと目覚めることができるように、私は自分を訓練した。

仕事場から離れる前に、その日の仕事は片付けてしまうことにしていると、私は述べた。しかしこれには例外が一つある。決定することが並外れて非常に難しい問題――感情に強く働きかけるような問題――があるときは、解決を一晩遅らせるか、妻や友人に相談する機会があるまで待つかの、安全策をとることにしている。

私の読書に関してだが、一番読書に打ち込める時間は、列車に乗っているときである。新聞を読むことはいつも楽しみであり、ほっとできる時である。問題といえば、多くの新聞を読みすぎることである。小説にはあまり興味がない。周りの人の口に上っている小説については、無理をして読まなければならないことがよくある。私が一番好きな本は伝記である。実在の人物や実際の出来事を読んでいると確かな手ごたえを感じるのが好きである。エイブラハム・リンカンに関するほとんどの本と雑誌記事を読んだといっても言いすぎではないと思う。本のなかに現れる彼は私の守護聖人である。

年間一二か月のうち平均して六か月、私はタスキーギを留守にすると思う。私が学校を留守にすることは、疑いもなく損失であるが、同時にそれを補うものがある。仕事に変化があることは、ある種の休養となる。ゆったりと過ごすことが許される場合、長距離列車の旅は楽しいものである。列車のなかで私は休養できる。しかし、どの列車にも乗り合わせているとさえ思われるのだが、避けられない人が近づいてきてお決まりの言葉を私にかける。「こちらはブッカー・ワシントンさんでいらっしゃいますか。お見知りいただければうれしいです。」学校から離れていると、仕事の枝葉末節は見えなくなり、その場にいるよりも広く総合的な立場から仕事を考えることができる。また学校を離れている間に、教育界で行われている実践例の最上のものに触れることができるし、国内の最良の教育者に触れる機会ともなる。

しかし、結局のところ、一番心が休まりリラックスできるのは、タスキーギにいられるときである。夕食が終ると、いつも妻と三人の子どものポーシャ、ブッカー、デイヴィッドソンと一緒に椅子に座り、私がお話しを読んだり、皆が順番にお話しをしたりする。このように過ごすときは、これ以上のものは地上にないと私には思える。それと同じくらい楽しいことは、日曜日の午後に家族と連れ立って、森の中で一時間ほど過ごすときである。森にいる一時は自然の真ん中で過ごせる。誰も私たちを煩わせないし邪魔もしない。澄み切った空気、樹木、草の茂み、花々や多数の植物から漂ってくる甘い香りに囲まれ、虫の声や鳥のさえずりを楽しむ。これこそ、確かな休養である。

あまりタスキーギで過ごせるときは少ないのだが、私の野菜畑も私をリラックスさせてくれる楽しみの源である。人工的でもまがい物でもない本物の自然にできるだけ触れているのが、私は好きである。もし事務所を早く出られるときは、三〇分でも四〇分でも私は地面を耕して、草花の間を掘って種を植える。そうすると、世の荒海に出ると私を待っている多くの義務と困難な状況に対する力の源となる何かに触れている感じがする。男性でも女性でも、自然を楽しむことを知らず、そこから力やインスピレーションを得ることを知らない人を、私は気の毒に思う。

学校で飼育している多くの家禽類や動物とは別に、私も個人的に品種のいい豚と家禽類を飼っている。これらを飼育することにも私は大きな喜びを見出している。豚は私のお気に入りの動物である。上等のバークシャー種やポーランド・チャイナ種ほど気に入っているものはない。

ゲームの類は全然興味がない。フットボールの試合を見たこともない。トランプゲームにいたっては、一枚一枚のカードの区別さえつかない。時折私の二人の息子と遊ぶ昔ながらのビー玉遊びだけが、私のするゲームらしいゲームと言える。もし若いときに何かゲームをする時間があったならば、現在ゲームをたしなんでいたかもしれないが、昔そんな時間はなかった。

第16章　ヨーロッパ旅行

一八九三年に私はマーガレット・ジェームズ・マレイと結婚した。彼女は、ミシシッピー州の生まれで、テネシー州にあるフィスク大学の卒業生である。その数年前に教師としてタスキーギに着任した。結婚当時は女性校長の任務についていた。ミセス・ワシントンは学校に直接関係する仕事については、私と全く一体となってくれ、多くの私の重荷と困難を軽減してくれる。彼女は学校の仕事のほかに、タスキーギ町で母親のための会合を主催し、タスキーギから八マイル〔約一三キロ〕離れた大農園に隣接する地区に住む男女の成人や子どもと一緒に農園作業にも携わっている。母親の会も農園作業も直接的にその人々を助けるためだけではなく、タスキーギ学院の学生が世界に出て行って生涯の仕事をする場合の、模範例を示すという目的もある。

これら二つの企画のほかに、ミセス・ワシントンは学校でも女性クラブの責任のほとんどを負っている。女性クラブでは月に二回、学校の敷地内や近くに住む女子学生を集めて、重要なテーマについての話し合いの会を開く。また、彼女は南部黒人女性クラブ連合（Federation of Southern Coloured Women's Clubs）として知られている組織の会長であり、また、黒人女性クラブ全国連合(National Federation of Coloured Women's Clubs)の執行委員会の議長も務めている。

　私たちの一番上の子供のポーシャは裁縫を学んだ。彼女は楽器演奏にも並外れた才能を持っている。タスキーギ学院で勉強を続ける一方、教え始めてもいる。

　二番目の子どもはブッカー・トリヴァで、まだ若いがレンガ作りの技術のほとんどを習得し終わった。小さいときからこの仕事をし始め、レンガ作りと勉強の両方に時間を割いてきた。それで今では熟練工になり、その仕事を気に入っている。建築技師とレンガ工になりたいと言っている。去年の夏、これまでいろいろな人からもらった手紙のなかでも、一番うれしい手紙を私はブッカーから受け取った。その夏私が家を留守にするとき、私は彼に一日のうち半分は仕事に割き、あとの半分は好きなように過ごしてもよいと話しておいた。私が家を離れてから二週間目に、私は彼から次のような手紙を受け取った。

父上、
　父上は家を出るとき、私に一日の半分は仕事をするようにとおっしゃいました。でも私は仕事がとても好きなので、一日中仕事をしたいと思います。できるだけお金を稼いで、他の学校に進学するときに自分でその学費を払えるようにするつもりです。
あなたの息子、ブッカーより
アラバマ州タスキーギ

私の一番下の子どものアーネスト・デイヴィッドソン・ワシントンは医者になりたいと言っている。学校でその方面の知識を身につけ技術の習得をする以外に、彼は定期的に学校の診療所に行って時間を過ごす。そこで、彼は診療所特有のいろいろな仕事をこなせるようになっている。

いろいろな公の仕事がある私の生活のなかで一番残念なことは、世界中で一番居たい場所である家庭から長時間離れていなければならないことである。家庭で夜を過ごすことができるような仕事をしている人をいつも羨ましいと思う。それができるのは稀な特権であるのに、その特権をそれほどありがたく思わない人がいる。多くの人に囲まれ、握手攻めにあい、旅をすることから解き放たれて、家に戻るのはたとえそれが短い期間であっても、心が休まりほっとする。

タスキーギにいるときの私にもう一つの喜びと満足を与えてくれるものは、毎晩その日の業を終えて帰宅する前に行われる八時半からのチャペルでの礼拝で、学生や教師やその家族と接することである。講壇に立ち、一一〇〇人から一二〇〇人ものまじめな若い男女を目の前にすると感激する。この人たちがさらに向上し有益な人生を送れるように導く手助けをするのは名誉なことである、と感じないではいられない。

一八九九年の春、これまでの人生のなかで一番びっくりしたと言ってもいいほどのプレゼントが待ち受けていた。ボストンの善意ある婦人たちがホリス・ストリート劇場でタスキーギ学院のために、会合を開いてくれた。この会合には、白人も黒人もボストンの著名な人たちが多数出席した。ローレンス主教[31]の主宰だった。私の演説のほかには、ポール・ローレンス・ダンバール[32]が自作の詩を朗読し、W・E・B・デュボイス博士[33]が自作の短編を朗読した。

この会合に出席していた人のなかで、私がいつになく疲れているように見えることに気づいた人々がいた。会合が終ってしばらくしてから、一人の婦人が何気ない様子で、私にヨーロッパに行ったことがあるかと聞いた。行ったことはないと、私は答えた。行くことをお考えになったことはありますかとまた彼女は聞いたので、私は「いいえ」と答えた。そんなことは私の考えの及ばないことだった。このときの会話はすぐに頭から消えていた。しかし数日経ってから、三～四か月間のヨーロッパ旅行にミセス・ワシントンと私が行くために必要な金額を、ボストンにいるフランシス・J・ギャリソン氏その他の私の友人が募金したという知らせがきた。私たち二人は旅行に必ず出かけるようにと念を押された。その前の年にギャリソン氏は、旅行の費用は自分の責任で友人たちから集めるからと言って、夏の休養のためヨーロッパに私が行くことを約束させようとした。そのときは、そんな旅行など全く無縁なことに思えたので、それを真面目に受け取らなかったことを白状する。しかしその後、ギャリソン氏は前に述べた婦人たちと共に企画を始めた。私にその計画を知らせてくれたときには、ギャリソン氏は旅行ルートをすでに決定していたばかりでなく、私たちが乗る旅客船まで手配していたようだった。

この企画全体があまりにも突然だったし、全然予想もしていなかったことなので、私はすっかり面食らってしまった。一八年間たゆまずタスキーギ学院のために働いてきて、それ以外のことをする人生など考えたこともなかった。学校の日常支出の工面は日毎にいよいよ私の働きに頼っているように思えた。私はこれらのことをボストンの友人たちに話した。彼らの思いやりと寛大な心に感謝するものの、私が留守をすると学校は財政的にやっていけないので、私はヨーロッパにはいけないと話した。すると彼らは、ヘンリー・L・ヒギンソン氏を初め、その他名前の公表を望まない善意の友人たちが、私の留守の間も学校が十分にやっていけるだけの資金を集めているところだと告げた。こうして、私は彼らの善意に屈することとなった。旅行から逃れる道は閉ざされてしまった。

私の心のなかで、これらすべてのことは現実ではなく夢のように思われた。本当にヨーロッパに行くのだと実感できるまでには、長くかかった。私は奴隷として、無知と貧困の谷底で生まれ育った。子どものときは眠る場所にも事欠き、衣食住すべてが十分でなかった。大人になるまでテーブルに座って食事をする身分ではなかった。贅沢は白人のものであり、黒人には許されていないといつも思ってきた。ヨーロッパ、そしてロンドンやパリのことを考えることは、天上のことを考えることと同じだと思ってきた。それなのに、私が本当にヨーロッパに行くなど、あり得るだろうか？　こんな思いが私を支配した。

その他に二つのことが私の頭を悩ませた。旅行にいたるまでの経緯を知らない人々は、ミセス・ワシントンと私がヨーロッパに行くことを聞けば、「目立ち過ぎだ」とか「みせびらかしだ」と思うかもしれないと怖れた。黒人同胞がいくらかでも成功すると必要以上に自分を偉いと思い、金持ちの真似をしたがり、のぼせ上がるものだと私の若いときからよく言われていたことを思い出した。人々が私たちのことをこのように思うかもしれないという怖れが私につきまとった。それに、仕事をサボるなら、良心は穏やかでいられないだろうと思った。他の人々が働いていてしなければならない仕事がたくさんある中で休暇をとるなど、卑劣で利己的なことのように思われた。記憶にある限り、私はいつも働いてきたので、三～四か月もの間何もしないで過ごすなど出来そうもないように思われた。私は休暇のとり方を知らないというのが本当のところだった。

ミセス・ワシントンが出かけることも私と同様に難しいことではあったが、私にとって休養が必要だという思いから、彼女は行く気持ちになった。当時アメリカ国内で黒人に関して盛んに議論されていた多くの重要な問題があって、そのためいっそう、私たちが行く決心をしにくい状況だった。ついに私たちは旅に出かける約束をボストンの友人たちにした。すると彼らは、出発をできるだけ早い日程にするようにと念を押した。それで、五月一〇日出発と決めた。すばらしい友人であるギャリソン氏は、旅を成功させるために必要なあらゆることを手配してくれた。彼をはじめ他の友人たちがフランスやイギリスにいる人々に多くの紹介状を書いてくれた。その他、異国の地で不便を感じずに快適に過ごせるようにと計らってくれた。タスキーギに別れを告げ、五月九日には翌日の出帆に備えてニューヨークに着いた。マサチューセッツ州のサウス・フレイミングハムの学校に行っていた娘のポーシャがニューヨークに見送りに来た。出発前に最後の仕事を片付けるために、秘書のスコット氏も一緒にニューヨークに来た。その他の友人たちも見送りに来てくれた。客船に乗り込む直前に、二人の善意ある婦人から手紙を受け取り、それには二人がタスキーギ学院の女子学生用の職業訓練施設すべてを収容できる新しい建物の建設資金を提供すると決めたことが書かれていた。

私たち二人はレッド・スター・ライン会社のフリーズランド号という美しい客船に乗ることになっていて、出帆時間の正午ぎりぎりに乗り込んだ。それまでにこれほど大きな蒸気船に乗ったことはなかったので、船に乗り込んだ時に私を襲った気持ちをひと言で言い表すことはできない。それは喜びが交じり合った畏れの気持ちだったかもしれない。うれしいことに、船長も他の船員たちも私たちが誰であるかを知っていたばかりでなく、待ち受けていて快く迎えてくれた。知っている乗客のなかには、ニュージャージー州のシーウエル上院議員や新聞記者のエドワード・マーシャルもいた。乗客からあまり紳士的に扱われないのではないかという怖れが少しあった。それは、海外に出た黒人同胞の口から、大西洋航路のアメリカ客船で不愉快な思いをしたことがあると、聞いていたからである。しかし、私たちの場合は、船長を初め下級乗組員までとても親切だった。客船の乗組員だけでなくすべての乗客も私たちに親切にしてくれた。南部の人々も乗客のなかにいたが、その他の州出身の人たちと同じように、とても感じがよかった。

最後の別れが告げられ客船が埠頭を離れると、私が一八年間背負っていた任務と心配と責任の重荷が一分経つ毎に一ポンドの重さの割合で、私の肩から取り去られていくように感じられた。これまでの長い年月たとえ僅かな間でさえも、心配事から解き放たれるときはなかったので、私がどれほどほっとした気持ちになったかは筆にするのがむずかしい。これに加えて、間もなくヨーロッパに着くのだというしい期待感があった。すべてのことが、現実ではなく夢のように思われた。

ギャリソン氏の配慮で、船のなかでも最も心地よい部屋が用意されていた。二〜三日経つと、私はよく眠れるようになり、一〇日間の船路の間、一日に一五時間の割合で眠った。それで、私は自分がどれほど疲れていたかが分かり始めた。かの地に着いても一か月の間、私は同じペースで眠った。朝起きて何も責務がないと思う感覚は、これまで経験したことのないものだった。決まった時間に列車に乗る必要もないし、誰かに会う約束もないし、演説をする必要もない。すべてのことが、これまでの旅の経験とどんなにか違っていたことだろう。これまでは一晩のうちに、三つの違うベッドで眠ることさえあったのだから。

日曜日がくると、船長は私に礼拝を執り行ってほしいと頼んだが、私は牧師ではないので断った。しかしながら乗客たちが、船旅の間にいつか、食堂の広間で話しをしてくれと頼むようになった。これについては引き受け、その会の司会をシーウエル上院議員が務めた。船酔いもせず、天候にも恵まれた一〇日間の船旅を終えて、ベルギーの興味深い古都アントワープに上陸した。

私たちが上陸した翌日は偶然、ヨーロッパには数多くある伝統的な祝日の一つに当たっていた。その日は良く晴れた美しい日だった。私たちのホテルの部屋は町の広場に面していたので、その様子――さまざまな美しい花を売りに田舎から来た人々、牛乳を満々と入れたぴかぴかの大きな缶を犬に引かせている女性たち、聖堂に列を作って入っていく人々――がよく見えた。この光景を見て私は今まで経験したことのない新鮮な気持ちに満たされた。

アントワープでしばらく過ごした後、六名の人たちから一緒にオランダへ行く旅に誘われた。このグループには同じ汽船に乗っていたエドワード・マーシャルや何人かのアメリカ人画家も含まれていた。私たちは行動を共にすることにし、その旅は大変楽しいものだった。ほとんどの旅程を昔ながらの運河下りの船でゆっくりと行ったので、その旅はいっそう興味深く、学ぶことが多かった。この船旅は、田舎に住む人々の実際の生活を見て知る機会となった。船でロッテルダムまで行き、さらに、当時平和会議が開催されていたハーグまでも行った。ハーグでは会議に出席中のアメリカ人代表者たちに暖かく迎えられた。

オランダで私にとって最も印象深かったことは、農業の完璧さであり、ホルスタイン牛のすばらしさだった。オランダを訪れるまでは、狭い土地であっても、そこからどれほど多くを収穫できるかを知らなかったと言える。どんな土地であろうと、徹底的に無駄なく利用されているようにみえた。三〇〇〜四〇〇頭もの立派なホルスタイン牛が緑に覆われた牧草地で草を食んでいる光景を見ただけでも、オランダへの旅は行った価値があった。

オランダからベルギーに行った。ベルギーを急ぎ足で見て回り、ブラッセルに立ち寄り、ウォータールーの戦場も見学した。ベルギーからパリに直行した。パリでは、エリザベス・ケイディ・スタントン夫人のご子息であるセオドア・スタントン氏が私たちのために宿舎を用意していてくれた。パリにやっと着いたばかりのときに、パリ大学クラブから間もなく開かれるという晩餐会への招待を受けた。晩餐会の出席者のなかには、当時パリに滞在していた元アメリカ大統領のベンジャミン・ハリソンやアイルランド大司教もいた。在仏アメリカ大使のホレス・ポーター将軍が晩餐会の主宰だった。この時のわたしのスピーチは聞いた人々を喜ばせたようだった。ハリソン将軍は彼のスピーチのなかでかなりの部分を割いて、私のことやタスキーギ学院の事業がアメリカ黒人問題に与えた影響などに触れた。この晩餐会でスピーチをした後、他からもいろいろと招待を受けたが、私はほとんどをお断りした。もし招待を受ければ、私のヨーロッパ訪問の目的は台無しになると知っていたからである。しかしながら、次の日曜日にアメリカ人教会で話すことは引き受けた。それには、ハリソン将軍やポーター将軍、その他著名なアメリカ人が出席していた。

その後、アメリカ大使から正式な招待があり、大使公邸で開かれたレセプションに出席した。このレセプションで、多くのアメリカ人に会ったが、そのなかには、アメリカ最高裁判所の判事フラー氏とハーラン氏がいた。パリに一か月間滞在した期間を通して、アメリカ大使夫妻を初めその他何人かのアメリカ人には大変親切にしていただいた。

パリにいる間、私たちはアメリカにいる時から知遇があったアメリカ人のニグロ画家で、今では有名なヘンリー・O・タナー氏[34]に何度も会った。タナー氏が画壇ではよく知られていて、すべての人々から高い評価を得ていることを知るのは非常にうれしいことだった。何人かのアメリカ人に向かって、ルクセンブルク宮殿にアメリカ人ニグロの絵画を見に行くのだと告げると、ニグロがそれほどの名誉を得ていることを信じてもらえないくらいだった。彼ら自身が実際にその絵を見るまでは、私の言うことを信じることはないだろうと私は思う。タナー氏を知るにつけ、私はいつもタスキーギの学生――それに私の声が届く限りのアメリカ中の私の同胞

――に強調してきたことは真理だと心のなかでもう一度確認した。それは、肌の色に関係なくどんな人でも、その人がどんな小さなことについてであっても、それに習熟した割合に応じて――他人よりも抜きん出ている割合に応じて――人は評価され、報われるということである。これまで述べてきたように、黒人同胞は平凡な普通のことを非凡にやり遂げることを学ぶ割合に応じて、物事に成功するだろうと私は思う。つまり、誰もそれ以上つけ加える改善の余地がないほどに物事を徹底的に成し遂げ、その仕事をなくてはならないものにすることである。私がハンプトン学院で教室の掃除を仰せ付かった最初の仕事の時、私を奮い立たせた精神はこれだった。完璧に部屋の掃除をすることに私の将来全体がかかっていると感じ、し残した部分を誰にも指摘されないほどに徹底的に仕事をしようと固く決心していた。タナー氏の絵画の前で立ち止まり、彼がニグロか、フランス人か、あるいはドイツ人かと尋ねるものがいるはずはない。人々は、世界が見たいと望んでいたもの――偉大な絵画――を彼が制作したことを知るのであり、彼の肌の色が見る人の心のなかで問題にされる余地はない。もしニグロの少女が料理であれ、皿洗いであれ、裁縫であれ、著述であれそれらを学び、ニグロの少年が馬の調教、サツマイモの栽培、バターの生産、建築、医学を学び、他人と同等あるいはそれ以上に習熟すれば、人種や肌の色に関係なく評価されることだろう。長い目で見れば、世界は最善のものを求めているのであり、人種、宗教、あるいは履歴の違いがあるからといって、世界の望むものが長期にわたって受け入れられないようなことはないだろう。

黒人同胞の未来全体は、町や国の人々にとってなくてはならない価値ある存在となれるかどうか、私たちの存在がその地域の幸せと福祉のために必要不可欠だと人々に感じてもらえるかどうかに掛かっていると私は思う。自分の住んでいる地域の物質的、知的、道徳的向上に何かを増し加える努力を続ける人は、それにふさわしい報いを受けずに長い間おかれることはない。これは永遠に無効とはならない人類の一大法則である。

多くのフランス人は快楽や刺激を求めているように見えるというのが、私の印象だった。この点に関してフランス人は、私の黒人同胞よりさらに顕著な傾向にあると私は思う。道徳や誠実さの点に関して、フランス人はアメリカの黒人同胞に勝っていると私は思わない。厳しい競争世界で生活に大きな緊張感があるので、フランス人は物事を徹底的にすることを学び経済は栄えている。しかし、時間が経てば、私の黒人同胞もいつかは同じ地点に到達することだろう。誠実さや道義心の高さに関しては、平均的フランス人はアメリカのニグロに勝っていないと私は思う。口のきけない動物に対する憐れみの心や優しさにおいては、私の同胞の方がはるかに勝っている。実際、フランスを発つ時には、私はそれまで以上に多くの希望をアメリカ黒人の未来に関して抱くようになった。

パリからロンドンに向かった。七月初旬に着いたが、それは丁度ロンドンの社交界が一番活気に溢れる時期にあたった。議会が開催中だったたし、そこここに快活な雰囲気が満ちていた。ギャリソン氏や他の友人たちが多くの紹介状を私に持たせてくれたし、イギリスの他の地域に住む人々にも私たちが来ることを知らせる手紙を送ってくれていた。私たちがロンドンに着くとすぐに、あらゆる方面の社会機関から招待状が舞い込んだ。そのなかの多くは私に講演をしてほしいというものだった。休養を理由に、そのほとんどを私は断った。その他の招待も多くを承諾するわけにはいかなかった。ボストンからの知り合いの牧師でブルック・ハーフォード博士と夫人がアメリカ大使のジョセフ・チョート閣下と相談の上、エセックス・ホールで開かれる会合で私が講演するように計らった。チョート氏は主宰者となることを承諾した。会合には多くの人々が集まった。多くの著名人が集まったが、イギリスの国会議員も何人かいて、スピーチをしたジェームズ・ブライス氏はその一人だった。その会合でのアメリカ大使による私の紹介と私の話の概要が当時の多くのイングランド地方の新聞やアメリカの新聞に掲載された。ハーフォード博士夫妻は、私たち夫妻のためにレセプションを開いてくれ、そこで私たちはイギリスの最も優れた人々に会う光栄に与かった。ロンドン滞在中、チョート大使には大変親切に尽くしていただいた。大使主催のレセプションで私は初めてマーク・トウェインに会った。

　イギリス人政治家のリチャード・コブデンの娘にあたるT・フィッシャー・アンウイン夫人の家にも数回招かれた。アンウイン夫妻は二人とも、私たち夫妻が気持ちよく楽しく過ごせるようにとこれ以上できないほどに尽くしてくれた。その後一週間ほど、私たちはクラーク夫人（ジョン・ブライトの娘にあたる）のイングランドのストリートという町にある家に滞在した。クラーク夫妻は令嬢とともに、翌年タスキーギを訪問してくれた。イングランドのバーミンガムでは数日間、ジョセフ・スタージ氏のところに滞在した。彼の父親は偉大な奴隷制廃止論者で、ホイッティア[35]とギャリソン[36]の友人だった。イギリス滞在を通して、今は亡きウイリアム・ロイド・ギャリソン〔注3参照〕、フレデリック・ダグラス氏〔注11参照〕、その他の奴隷制廃止論者を知っていて敬意を払ってくれている人々と会えたのは大変光栄なことだった。私たちが知遇を得たイギリスの奴隷制廃止論者たちは、この二人のアメリカ人について話が尽きないようだった。イギリスに行くまでは、イギリスの奴隷制廃止論者たちが奴隷解放に関して寄せていた深い関心について、何も知識を持ち合わせていなかったし、彼らから受けた多くの支援について認識していなかった。

イングランドのブリストルでは、ミセス・ワシントンと私が婦人自由クラブで話しをした。また、王立盲学校の卒業式では、私が式辞を述べることになった。卒業式はクリスタル宮殿で行われ、今は亡きウエストミンスター公爵（世界一ではないにしても、イギリス一の富豪と言われていた）が司式を務めた。公爵も夫人も令嬢も私の式辞を喜んでくれたようで、心からの謝辞を表された。アバーディーン侯爵夫人の好意により、私たち夫妻は当時ロンドンで開催中の国際婦人会議に参加している人々が集まるパーティに行くことができた。パーティの出席者は皆、ウインザー城でヴィクトリア女王に拝謁し、その後、女王閣下主催のお茶会に招待された。出席者のなかに、スーザン・B・アンソニー女史がいた。[37] 私はその時、スーザン・B・アンソニーとヴィクトリア女王という大変違った意味で著名な二人の女性に同時に遭遇することになり、滅多にない経験として深く印象に残った。

議事堂の下院には数回行ったが、そこでヘンリー・M・スタンレー卿に会った。私は彼と、アフリカとアメリカ人ニグロとの関係について話し合った。[38] 彼との話し合いの後、アフリカへ移民させてアメリカ人ニグロの状況を改善するという企画に希望はないとますます思うようになった。

いろいろな機会にミセス・ワシントンと私は田園地方にあるイギリス人の家に招かれた。イギリス人の一番いい面は田園生活に見られると私は思う。イギリス人がアメリカ人より優れている少なくとも一つの点は、彼らが人生から多くのものを得る方法を知っていることだと確信する。イギリス人の家庭生活は完璧以外の何ものでもないと私には思える。すべての事柄が時間厳守で進む。また、私は家事使用人が「主人」と「女主人」――アメリカでは許容されない敬称だと思うが――に払う敬意にも感服した。イギリスの使用人は原則として使用人の身分以上のことを求めていない。それで彼らは、アメリカの使用人がこれまで到達したことのないレベルの家事技術を完成させている。私たちの国では、使用人は、数年の後には自分が「主人」になることを期待している。どちらの制度が好ましいだろうか。あえて答えは出さないでおく。

イギリス滞在中に私の印象に残ったもう一つのことは、すべての階級の人々が法と秩序を重んじていて、すべてのことがゆったりと、しかも確実に行われていることだった。イギリス人がその他のことと同じように食事にも時間をかけることに私は気づいた。長い目で見れば、いつも急いでいて神経質なアメリカ人がするのと同じか、それ以上多くのことをイギリス人が成し遂げないとは言えないような気がする。

イギリスを訪問してそれまで以上に貴族に対して敬意を抱くようになった。私はそれまで貴族がそれほどまでに大衆から愛され尊敬されているとは知らなかった。それに、貴族が慈善事業にどれほど時間とお金を使っているか、どれほど心血を注いでいるかについても正しい考えを持っていなかった。それまで私は、彼らがたんにお金を自由に使って「楽しんでいる」という印象を持っていた。

イギリス人聴衆に向かって話すのに慣れるのは難しかった。平均的なイギリス人は大変真面目で、すべてのことに関して非常に真剣だった。それで、アメリカ人聴衆なら爆笑するような話をしても、イギリス人は私の顔を見つめるだけで、頬を緩めさえしなかった。

イギリス人が一旦あなたを自分の心に受け入れ友情を抱くと、鉄線のような強い絆が結ばれる。これほどに永続的で心が通う友情は他に多くは見られないと思う。次にお話しする事柄以上に、この点をよく説明するものはないだろう。ミセス・ワシントンと私はサザーランド侯爵夫妻主催のレセプションに招かれた。それはロンドンでも一番立派な館だというスタッフォードハウスで行われた。それにつけ加えると、サザーランド侯爵夫人はイングランド一番の美しい婦人だという評判である。このレセプションには少なくとも三〇〇人の人がいたと思う。この夜二回も侯爵夫人は私たちを探して話しかけ、帰国したら手紙でもっとタスキーギの仕事について知らせてくださいと言われた。もちろん、そうした。うれしくも驚いたことに、クリスマスには彼女の署名入りの写真を受け取った。文通は続けられおり、今では、サザーランド侯爵夫人は私たちの心通う友人の一人となったと感じている。

三か月のヨーロッパ滞在の後、私たちはサザンプトンからセントルイス号に乗って航海した。この汽船にはミズーリ州セントルイスの市民から船に寄贈された立派な図書室があった。この図書室のなかに私はフレデリック・ダグラスの伝記を見つけ、読み出した。特にダグラス氏の初めと二回目のイギリス訪問の際に船上でどのような扱いを受けたかというところに興味を持った。これによると、彼は船室に入ることを許されず、行動を甲板だけに制限された。この様子を読んで数分後に、私はその夜行われるコンサートで話しをしてくれるようにと、ある委員会の婦人と紳士に頼まれた。それにもかかわらず、アメリカの人種間感情は緊張が緩んでいないと大胆に言う者もまだいる！　このコンサートは現ニューヨーク州知事のベンジャミン・B・オデル閣下が主宰だった。他のどこでも経験したことがないほど、皆暖かく話を聞いてくれた。コンサートが終ると、乗客のある人たちは、タスキーギ学院を支援するための募金を提案した。その結果、数件の奨学資金となるだけの額が集まった。

まだパリにいる間に、ウエストヴァージニア州の州民と、私が少年時代を送った場所に近い町の人たちから次の招待状を受け取って、驚くとともにうれしくも思った。

ブッカー・T・ワシントン教授殿

拝啓

貴殿の貴いお働きにつきましては、ウエストヴァージニア州の良識ある市民の多くが声を揃えて惜しみない尊敬と賞賛の気持ちを表しております。それで、貴殿がヨーロッパからお戻りになられましたら是非こちらにお出でいただき、貴殿のお言葉で私たちを鼓舞していただく栄誉に浴させていただければと存じます。チャールストン市民を代表して、貴殿の来訪を心からお待ちし、お願い申し上げる次第です。貴殿のお働きにより私たちに栄誉を与えてくださいましたように、私たちも貴殿に栄誉を捧げたく存じます。

敬具

チャールストン市長　ハーマン・スミス

チャールストン市議会

ウエストヴァージニア州チャールストン

一八九九年五月一六日

チャールストン市議会からの招待状とともに次の手紙も届いた。

フランス国パリ市

ブッカー・T・ワシントン教授殿

拝啓

私たちチャールストン市民とウエストヴァージニア州民は貴殿を大変誇りに思い、また貴殿のこれまでの輝かしいご生涯に敬意を表するものです。私たちの貴殿に対して抱いている誇りの気持ちを何かの形で表わさせていただければと願っております。

貴殿がヨーロッパに行かれる前に、貴殿が私たちの町の近くにある貴殿の故郷を訪問されましたのに、その時貴殿のお話を伺えず貴殿のお働きを支援する機会を逃したことに痛恨の念を抱いております。

それで、ヨーロッパからお戻りになられましたら、こちらにお出でいただき私たちの歓迎を受けていただければ幸いに存じます。貴殿のお話を伺ったうえで、貴殿のお気持ちに一番沿う形で私たちがそのお働きに参与できればいいと願っております。貴殿のお姿に接しお言葉を賜ることができれば、私たちはどれほど鼓舞されることでしょうか。
貴殿が来訪可能な日程をできるだけ早くご連絡いただければ、幸いに存じます。

敬具

チャールストン・デイリー・ガゼット紙、デイリー・メール・トリビューン紙、州知事G・W・アトキンソン、州知事補佐長官E・L・ボッグズ、州政務長官ウイリアム・M・O・ドーソン、州監査官L・M・ラフォレット、州教育長J・R・トロッター、元州知事E・W・ウイルソン、元州知事W・A・マッコークル、カナワ・ヴァレー銀行頭取ジョン・Q・ディケンソン、チャールストン・ナショナル銀行頭取L・プリチャード、カナワ・ナショナル銀行頭取ジョージ・S・カウチ、カナワ・ナショナル銀行出納係エドワード・リード、市教育長ジョージ・S・レドレー、市教育委員会委員長L・E・マックホーター、卸売り業チャールス・K・ペイン、その他市民一同。

この招待状は市議会と州議員、それに私が少年時代を過ごした地域の黒人と白人双方、すべての主だった市民からのものだった。その地域は、私が数年前に、無名で、貧困と無知の状況のなかで教育を求めて出発した場所だった。彼らからこのような招待状を受け取ることは驚きであり、招待を受ける勇気がないように思えた。この招待に価することをしたとは思えなかった。

私は招待を受け入れ、約束の日にチャールストンの駅で、黒人と白人の企画委員に出迎えを受けた。この委員会の委員長はW・A・マッコークル元州知事だった。チャールストン市内のオペラハウスで州知事のジョージ・W・アトキンソン閣下主宰のレセプションが行われた。歓迎の辞がマッコークル元州知事によって述べられた。レセプションの重要な役割が黒人市民によって担われていた。オペラハウスは両人種からなる市民で満員だった。白人のなかには、私が少年時代の雇い主も多くいた。翌日には、州知事夫妻が州庁舎でレセプションを開き、あらゆる階層の人々が出席していた。

この後、ジョージア州アトランタの黒人が私のために州知事主宰のレセプションを開いてくれた。同じようなレセプションがニューオーリンズでも市長主宰で開かれた。その他多くの場所から招待を受けたが、お受けすることはできなかった。

第17章　終わりに

　ヨーロッパに行く前には、思いもよらないさまざまな出来事があった。実際、私の人生全体はほとんど思ってもみないすばらしい出来事の連続だった。どんな人の人生であっても、その人が日々自分のレベルにおいて最善を尽くすなら——すなわち、純粋な気持ちで、自分を捨て、有益な人生を送ろうとできるだけ高い水準を目指そうとするならば——、誰でも私のように予期もしないような励ましを常に受けることになるだろうと、私は思う。黒人であろうと白人であろうと、他の人が有益で幸せな人生を送れるように手助けをする努力の結果得られる喜びと満足感を経験したことのない人を、私は気の毒に思う。

　アームストロング将軍が脳卒中に襲われてから一年ほどの時で、亡くなる六か月前だったが、死ぬ前にタスキーギをもう一度訪ねたいという希望をもらされた。足が全く使えないほどに麻痺しておられたが、希望がかなえられ、タスキーギにお連れすることができた。タスキーギ鉄道会社の社長は白人の町民だったが、特別列車を走らせることを申し出てくれた。何の費用もとらずに、チェホーという五マイル先にある幹線の駅まで特別列車を走らせ、将軍を迎える手筈を整えてくれた。将軍は夜の九時頃学校に着いた。将軍を「松明歓迎」しようという提案があり、実行された。将軍の馬車が構内に入ってきた瞬間、二列に並んだ一〇〇〇人を越える学生と教師は松明をかかげ、その間を将軍が通っていかれた。すべての企画が奇抜で意表をついたものだったので、将軍はすっかり喜ばれた。約二か月間、将軍は私たちの家に滞在された。お出かけになって講演なさることはなかったが、滞在中いつも南部支援のための方法と手段を考えておられた。南部のニグロの地位だけでなく、貧しい白人の地位も引き上げることが国の義務であると、滞在中何度も何度も私に語られた。将軍の滞在も終るころ、将軍の心をこれほどに占めている問題のためにいっそう真剣に尽くそうと私は誓いを新たにした。そのとき私は次のように話した。「将軍のような健康状態であっても、考え、働き、行動しようとしておられるのですから、その願いを適えるための方策が無いなどと私が言い訳をすることはできません。」

数週間後にアームストロング将軍は亡くなられた。その死後、私はこれまでに知遇を得たなかでも、最も無私の人、最も魅力的、そして最も立派な方とお会いする光栄を得た。それはハンプトン学院の院長としてアームストロング将軍を引き継がれた牧師ホリス・B・フリッセル博士である。フリッセル博士の明確で力強く完璧ともいうほどの指導力の元で、ハンプトン学院はすべてアームストロング将軍が望んでいた通りの成功を収め有益な教育機関になっている。フリッセル博士は自分の偉大さをアームストロング将軍の影にいつも隠す――成果を自分の「名声に帰さない」――努力をしておられるようにみえる。

一度ならず、私はこれまでで一番思いもよらない出来事は何だったかと聞かれたことがある。

その質問に躊躇なく答えることができる。それは、ある日曜日の朝私が妻と三人の子どもとベランダに座っていたときに届いた次の手紙である。

ブッカー・T・ワシントン学院長殿

拝啓

ハーヴァード大学は来る卒業式において、貴殿に名誉学位を授けたいと願っております。学位は出席される方だけに授与されることになっております。今年の学位授与式は六月二四日に予定されております。当日午後正午ごろから五時ごろまでの行事に、御臨席いただければ幸いです。その日時にケンブリッジにお出でになることは可能でしょうか。

謹んでご案内申し上げます。

敬具

チャールス・W・エリオット

ケンブリッジ市ハーヴァード大学

一八九六年五月二八日

このような形で私の働きが認められるとは思ってもみなかった。アメリカのなかで、最も古く由緒ある大学から名誉学位を授与されるとは信じがたいことだった。この手紙を手にしてベランダに座っていると、涙が目に溢れてきた。これまでの私の人生——農園で奴隷だった頃、炭坑で働いていた頃、食べ物も衣服もなかった日々、歩道で眠ったこと、教育を求めて必死だった頃、タスキーギで苦労してきた日々、タスキーギの事業を続けるための資金の当てがなかった頃のこと、黒人同胞への迫害と抑圧——のすべてが走馬灯のように私の頭を駆け巡って、私はいろいろな思いに圧倒された。

これまで世間がいう名声を求めたことはなかったし、気にもかけなかった。名声が得られるなら、それは善を行うために活用したいといつも考えていた。どんな名声であれ、もし善を行うための手段として利用する道具とすることができるのなら、名声を得ることを喜ぶとこれまでもしばしば私は友人たちに話してきた。富を利用するのと同様に、名声もそれが善を行うために利用される手段となる場合に限って、私は名声を手に入れたいと思う。裕福な人々と触れ合う機会が増えれば増えるほど、彼らの富は神が善を為すようにとその手に授けられた道具に過ぎないという考え方が彼らの間に育ちつつあるように思う。タスキーギ学院のために何度も寄付をしてくださったジョン・D・ロックフェラー氏(39)の事務所をお訪ねするときには、いつもこの考えが頭に浮かんだ。寄付しようとする最後の一ドルにいたるまでが最善に利用されるために、細部にわたって厳密厳正な検討——まるで彼がある商談に資金を投入しようとするときのような検討——を彼がするのを見ると、寄付に関して育ちつつある富裕階級の考え方に勇気づけられる。

六月二四日午前九時に私はハーヴァード大学のエリオット学長、理事、その他の来賓に、大学の指定された場所で迎えられた。その場所から式が執り行われ学位が授与されるサンダーズ・シアター〔大学の講堂〕に伴われることになっていた。このとき私の他に学位授受のために招かれていた人はネルソン・A・マイルズ将軍、電話の発明者であるベル博士、ヴィンセント主教、それにミノト・J・サベージ牧師だった。槍騎兵隊に伴われてマサチューセッツ知事が到着しエリオット学長の横に並ばれた後、私たち四人は学長と理事の後ろに並んだ。列にはその他の大学要職者や帽子とガウンを身につけた教授たちもいた。この順番で、私たちはサンダーズ・シアターに行進した。恒例の卒業式の終わりに、名誉学位授与が行われた。この瞬間がハーヴァード大学ではいつも最も関心を引くときのようだ。名誉学位が贈られる人の姿が現れるまで名前は明かされておらず、名前が読み上げられるとその人気に比例して、学生その他が拍手を送る。名誉学位授与の間、興奮と熱狂が最高潮になる。

私の名が呼ばれ立ち上がると、エリオット学長が美しく力強い英語で、私に修士号を授けられた。式典の後、名誉学位を受けた私たちは学長とともに昼食会に招かれた。昼食の後、私たちは再び列をつくり、その日の司式者であるウイリアム・ローレンス主教に伴われて大学構内を行進し、さまざまな場所で呼びかけられたり、ハーヴァード・エールを受けたりした。この行進はメモリアル・ホールが終点で、そこで卒業生による晩餐会が催された。政府、教会、実業界、教育界の最高の人々を代表する千人以上の人々が母校愛と誇りに燃え輝く姿――これはハーヴァード特有の雰囲気だと私は思うが――は、忘れがたい光景である。

食事の後のスピーチは、エリオット大学長、ロジャー・ウォルコット州知事・マイルズ将軍、ミノト・J・サベージ博士、ヘンリー・キャボット・ロッジ閣下と私がした。私のスピーチでは、次ぎのようなことをその他のことと共に織り交ぜて話した。

本日皆様が私にお与えくださった大きな名誉に、ほんの僅かでも私が値いすると思うことができるのなら、わたしの戸惑いは少し和らぐことでしょう。今日の栄誉を皆様と分ち合うために、皆様が私を南部の黒人地帯から、つつましい同胞のなかから呼び出してくださったのはなぜか、私には何も説明もできません。それでも、今日アメリカ人の生活に関わる最も決定的な課題の一つは、力と富と知識を持つ人々を最も貧しく無知で力のない人々のところに遣わし、同時に、活気と力の元となる影響をお互いに受け入れ合うことであると、私が申し上げるのは不適切ではないでしょう。すぐそこにあるビーコン通りに並ぶ大邸宅の人々がアラバマ州の綿花農場やルイジアナ州のサトウキビ畑にある貧弱な小屋に住む人々の困窮を感じ取ることができるようにするには、どうしたらいいでしょうか。この問題をハーヴァード大学は、大学を低めることによってではなく、大衆を高めることによって解決しようとしています。

……

これまでの私の人生が黒人同胞の水準を引き上げ、皆様白人と私たち黒人の関係を改善することに少しでも役立っているとしたなら、今日この日、私のこれからの人生はこれまでの二倍もその目標に向かうとはっきり申し上げます。神がこの世を統べるにあたっては、人の成功する基準はその人だけに適用されるもの一つしかありません――同じように、一つの人種が成功する基準も一つだけです。〔それとは異なり〕この国はどの人種にもアメリカ基準を適用することを要求しています。これに従えば、一つの人種は繁栄するか没落するか、成功するか失敗するかのどちらかです。最終的にはその志などまったく評価されません。これから先の半世紀間かそれ以上の期間、我が黒人同胞は厳しいアメリカの坩堝を通り抜け続けなければなりません。私たち黒人は、忍耐心、自制心、粘り強さを試され、悪に耐えて誘惑に打ち克ち、浪費を慎み、技術の獲得と利用に努め、競争力を養って商売に成功し、表面的なものを捨てて真実を求め、外見ではなく実質を追求し、偉大さを目指しながらも尊大にならず、知識があっても単純な心を失わず、高みを目指すと同時にすべての人に仕えるものとなるための試金石を乗り越えなければなりません。

ニューイングランド地方の大学がニグロに名誉学位を授けるのは初めてのことだったので、国中の新聞に大々的に取り上げられた。あるニューヨークの記者は次のように書いた。

ブッカー・T・ワシントンの名が呼ばれて、彼が立ち上がり学位を受けると、盛大な拍手が起こった。その日名誉学位を受けた人のなかでそれほどの拍手を受けた人は、ワシントン氏以外では人気の高い愛国兵士のマイルズ将軍だけだった。拍手は儀礼的形式的なものではなく、暖かい気持ちのこもったものだった。感激と尊敬の念がこもっていた。最前列から最後列にいたるまでどこの席にいた聴衆も、一つになって拍手していた。私の周囲胞の人々は興奮に頬を染めていた。それらはすべて、奴隷から身を起こした彼の苦闘と、同胞のために成し遂げてきた彼の事業とに向けられた賞賛を表していた。

あるボストンの新聞は次の論評を載せた。

タスキーギ学院の学院長に名誉修士号を授けたことで、ハーヴァード大学は授与された者に名誉を与えると同時に、大学自身にも名誉をもたらした。ブッカー・T・ワシントン教授が南部の彼の選んだ地で教育、市民道徳、民衆の啓蒙のために成し遂げた業績は、彼を国家の功労者に並び加えるに価する。彼を息子の名簿に加えた大学は、彼が正規コースの卒業生であろうと名誉学位の受賞者であろうと、それを誇るといい。

ワシントン氏は、ニューイングランド地方の大学から初めて名誉学位を授けられた黒人ということだ。このこと自体が際立った出来事である。しかし、学位が授けられたのは、ワシントン氏が黒人であるからでもないし、奴隷として生まれたからでもない。それは、南部の黒人地帯の人々の向上のためにした彼の働きによって、黒でも白でもどんな肌の色の人のものだったとしても大きな価値をもつと見なされる、才能と広い人間性を彼が示したからである。

また別なボストン紙を引用する。

ハーヴァード大学は、ニューイングランド地域の大学のなかで初めて黒人に名誉学位を授与した。タスキーギ学院の歩みとその働きを知る人で、ブッカー・T・ワシントンの勇気と忍耐力とすばらしい判断力に賞賛を惜しむものはいない。ハーヴァード大学が奴隷の身分だった人に名誉を与えたことは当然であるし、彼が国家と自分の同胞に尽くしたことがどれほど価値のあるものかは未来だけが判断できることである。

そこで行われたスピーチはみな、暖かく受け取られた。しかし、かの黒人のスピーチは聴衆の心を圧倒した。彼のスピーチが終ったときに沸き起こった拍手は盛大で長く続いた。

ニューヨーク・タイムズの記者は次のように報道した。

タスキーギの仕事を始めて間もなくの頃、私が密かに心の中で固く決心していたことがあった。それは、私が作ろうとする学校は、いつの日か合衆国の大統領に見学に来ていただけるほどに、国の益になるものにしようという決心だった。これは大胆な決心だったと告白する。何年もの間、私はこの考えを自分の中に秘めていて、誰にも漏らさなかった。

一八九七年の一一月に、この方向に向けて私は最初の行動を起こした。マッキンリー大統領の閣僚である農務省長官ジェームズ・ウイルソン閣下の来訪を要請したのだった。彼はスレーター・アームストロング農業部校舎の落成式で式辞を述べるために来訪した。この校舎は、農業関係の訓練を学生に与えるために最初に建てられた大きな建物だった。

一八九八年の秋、私はマッキンリー大統領がジョージア州アトランタに来られるらしいということを耳に挟んだ。大統領は米西戦争が勝利のうちに終結したことを祝う平和記念祝典に出席するということだった。当時は、国の益になるような学校にしようと教師共々、懸命に努力を続けて一八年たった時だった。私はなんとか大統領と閣僚の来訪を実現したいと考えて、ワシントンに出かけた。ワシントンに着くとホワイトハウスまでの道は簡単だった。ホワイトハウスに着くと、そこには大勢の人々が待機していたので、私は落ち込んだ。一体今日中に大統領に会うことなどできるのだろうかと心配になった。それでもなんとか、大統領の秘書J・アディソン・ポーター氏に会うことができ、私の用件を伝えた。ポーター氏は好意的ですぐに私の名刺を直接大統領に渡してくれ、数分後にはマッキンリー大統領の返答があり、会ってくれることになった。

マッキンリー大統領のように、これほどに多くのさまざまな人の多種多様な用件を聞き、厳しい任務を遂行し、それでいてなおも、平静さと忍耐心を失わず、ひとりひとりの来訪者に気持ちよく接することがどうして可能なのか、私には理解ができないほどである。大統領にお目にかかると、国益に貢献する私たちのタスキーギの事業について、感謝の言葉をくださった。それで、私は簡潔に用件をお伝えした。国の最高司令官がタスキーギを来訪してくださることは、タスキーギ学院の学生と教師を力づけるだけでなく、黒人全体のためになることだと強調した。大統領は関心を示してくれたが、来訪の約束はしなかった。それはその時点でまだアトランタへ行く計画は定まっていなかったからである。しかし数週間後にまたその事に関して連絡してほしいと言われた。

翌月の半ば頃までに、大統領はアトランタで行われる平和記念祝典に出席することを最終的に決定した。私は再びワシントンに行き、大統領に会い、タスキーギまで足を伸ばしていただくようにお願いした。この二度目のワシントン訪問の時には、タスキーギの著名な白人市民であるチャールス・W・ヘアー氏が私と一緒に行くことを申し出てくれた。タスキーギとその周辺地域の白人代表として、私の訪問の意義をさらに高めるためだった。

丁度、二回目にワシントンを訪問する少し前に、国内に騒ぎが起こり、黒人は大きな落胆を味わっていた。それは、南部の所々でいくつかの激しい人種間暴動が起こったからである。大統領にお会いするや否や、私は大統領の心にこれらの人種間抗争が大きく影を落としているのを見てとった。他にも多くの人が面会の順番を待っていたにもかかわらず、大統領はしばらくの間私を引きとめ、黒人の現状とこれからの展望について私と話された。大統領は黒人に対する関心と真心を言葉だけでなく行動で示したいと数回も口に出された。このような時に、大統領がワシントンから一四〇マイルも離れたニグロの学校に足を運んで下さるようなことになれば、それ以上に希望と励ましを黒人に与えるようなことは他にないでしょうと私が述べると、大統領は深く心を動かされたようだった。

私が大統領と話している間に、アトランタの白人市民で民主党員の元奴隷所有者が部屋に入ってきた。大統領はタスキーギに行くことについての彼の意見を聞いた。彼は躊躇うことなく、それは適切なことですと答えた。この意見はさらに、黒人の友であるJ・L・M・カリー博士〔注15参照〕からも支持を得た。大統領は一二月一六日に私たちの学校に来られることを約束した。

大統領が私たちの学校に来られることが知れ渡ると、学校から一マイルほど離れているタスキーギ町の白人住民も、私たちの学校の学生や教師と同じように喜んでくれた。町の白人たちが女性も男性も町に飾り付けを始め、学校の職員と協力するための委員会を組織し、この特別な来賓を迎えるに相応しい歓迎の準備を始めた。その時にいたるまで、私はタスキーギと周辺の白人たちがどれほど私たちの学校のことを考えてくれているか知らずにいたように思う。大統領歓迎の準備期間中、これらの白人たちの多くが私のところにやって来て、目立ちたくはないが個人的に何か手助けすることや役に立つことはないかと尋ねてくれた。私はそれとなくお願いすると、彼らは喜び勇んで助けてくれるのだった。実際、大統領来訪の事実そのものと同じくらいに私の心を深く打ったものは、アラバマ州のすべての階級の住民が私たちの学校の事業に大きな誇りを抱いているように思われることだった。

一二月一六日の朝、これまで見たこともないような大勢の人がタスキーギの小さな町にやってきた。大統領と共に一人を除く全閣僚が来られた。そのほとんどの人が妻や家族を同伴していた。数名の著名な将軍たちもいた。そのなかには、米西戦争から帰ってきたばかりのシャフター将軍やジョセフ・ウイーラー将軍もいた。また、多数の新聞記者がいた。この時期、モントゴメリーではアラバマ州議会が開かれていたが、タスキーギ訪問のため会議を休会にする議案が通過して、大統領の一行が着く直前に、州知事とその他の長官に率いられたアラバマ議会の議員が到着した。

タスキーギの町民は駅から学校までの沿道を大々的に飾り付けた。時間節約のため、学校全体像を大統領にお目にかける行進を企画した。学生は一人ずつ開いた綿の実を端に結んだサトウキビの茎を手に持った。学生に続いて、馬やラバや牡牛に引かせた「山車」の上に学校の全部門の働きを展示した。これらの山車で、私たちは現在の学校の姿だけでなく、古い技術と新しい技術を対照的に展示した。例えば、酪農、耕作、料理や家政に関しての古い技術と改良された新しい技術などである。これらの山車がみな通過するまでに一時間半かかった。

学生たちの手で完成されたばかりの新しく大きなチャペルで、大統領は次のことを含んだ話しをされた。

このような記念すべき喜ばしい機会に、皆様の教育の成果を目の前でつぶさに見させていただきましたことを心からお礼申し上げます。タスキーギ師範・職業訓練学院はすばらしい理想を掲げておられます。そして国内でその評判は高まっていますし、国外でも知られてきています。学生が誇り高く有益な人生を送るために、ひいては、この学校が建てられている黒人の地位向上のために、善き業に携わっておられるすべての方々に祝福がありますように。

この特色ある実験的教育の試みは、国中の保守的な慈善団体からすらも支持を得ております。その場所として、タスキーギほどに適当な地を探すことは他にはできないことでしょう。

タスキーギ学院について語る時、ブッカー・T・ワシントン氏の才能と忍耐心を褒め称えることなしに語ることはできません。この気高い事業は氏の考えから生まれたものであり、氏の貢献は高く評価されるものです。彼の熱意と起業精神により学院はたゆまない発展をし、今日の高い水準が実現しました。ワシントン氏は、黒人の偉大な指導者の一人としての高い評判を得ておられます。国内外で実績のある教育者として、実力のある演説家として、真の慈善事業家として、広く知られ尊敬されています。

海軍長官ジョン・D・ロング閣下のスピーチの一部を紹介する。

今日は胸が一杯で、お話できないほどです。国の南北二つの地域と二つの人種に対して、私の胸は希望と賞賛と誇りで満たされ溢れんばかりです。学校の皆様のお働きに対して私の心は感謝と賞賛の気持ちで一杯です。これから先、皆様のお働きが発展していき、山積する問題を解決していかれるに違いないと固く信じております。

問題はすでに解決されていると私は申し上げます。ワシントン大統領とリンカン大統領の肖像画に付け加えられるべき光景が今日ここにあります。この光景は来る時代と来る世代に語り継がれるべきものです。この光景は国中の新聞が広く報道すべきものであり、最もドラマティックなものです。それは、ここに揃っておられる三人の光景です。合衆国大統領を真ん中にし、片側にはアラバマ州知事が立ち、もう片側に三つ揃えを完成する人物として、数年前までは解放されていなかった黒人の代表者でタスキーギ師範・職業訓練学院の学院長が立っておられる光景です。

大統領閣下に神の祝福がありますように。大統領閣下がここに来られたのでこの光景をアメリカ国民の前に見せることができました。アラバマ州に神の祝福がありますように。アラバマ州は人種問題を解決できると示してくれました。演説家、慈善事業家、偉大な主イエスの弟子であるブッカー・T・ワシントン氏に神の祝福がありますように。主イエスがもし今地上におられたら、ワシントン氏と同じことをなさったことでしょう。

郵政省長官スミス将軍はスピーチを次ぎの言葉で締めくくった。

この数日間、私たちは素晴らしい光景が繰り広げられるのを目の当たりにしました。私たちは、南部の大都市のひとつが成し遂げた輝かしい成果を見たことがあります。これまでに戦争で戦った勇士の行進や、花で飾られた行列も見たことがあります。しかしながら、今朝ここで見せていただいたものほど、感銘深く、勇気づけられ、未来に向けて心を高く上げられるものはなかったと私が述べることに、皆様はきっと同意してくださるでしょう。

大統領がワシントンに帰られてから少しして、私は次の手紙を受け取った。

アラバマ州タスキーギ　タスキーギ師範・職業訓練学院
ブッカー・T・ワシントン学院長殿
拝啓
　ここに大統領が貴殿の学校を訪問したときの記念書類の写しを、お送りできることをうれしく思います。この書類には大統領の署名と同伴した閣僚の署名があります。私たちがタスキーギを来訪した折に、貴殿の企画されたさまざまな催しやおもてなしが成功のうちに終えられたことを、この機会に心の底からお喜び申し上げます。どのプログラムも完璧に行われ、出席したすべての来賓は心から喜びにあふれて行事を見守り参加できました。職業訓練を受けている学生による独創的な展示は芸術的であるばかりでなくとても感銘深いものでした。大統領と閣僚が示した賞賛にふさわしいお働きを貴殿はなさっています。また、大統領や閣僚の言葉は貴殿の学校の将来の発展に大きな励ましとなることでしょう。また終わりに是非お伝えしたいのは、貴殿の謙遜な態度に私たち一行全員が好感を抱いたということです。
　貴殿の有益で愛国的事業のますますのご発展をお祈り申し上げると同時に、クリスマスのご挨拶を皆様にお送りします。

敬具

ワシントン市大統領府

大統領秘書官ジョン・アディソン・ポーター

一八九九年一二月二三日

私がタスキーギで最初の小さな努力を始めてから、二〇年の年月が流れた。潰れそうな小屋と古い鶏小屋しかなく、所有地もなかった。そのなかを、教師一名と学生三〇名で学校は始まった。現在、学校は二三〇〇エーカーの土地を所有し、そのうち、一〇〇〇エーカーで毎年作物の収穫があり、それはすべて学生の労働でなされている。敷地には大小六六の建物がある。このなかの四つの建物以外は、ほとんどすべての作業が学生の手による建物である。学生は農地で働き、建築作業もするが、同時に有能な教師から最新の農業技術や建築技術を学ぶ。

学校では、徹底的な学問的宗教的訓練を行うとともに三〇の職業訓練部門で教育活動が休むことなく続けられている。これらの部門すべてで職業訓練がなされ、男子学生も女子学生も卒業後すぐに就職口を見つけることができる。現在の唯一の問題は、南部の白人からも黒人からも私たちの学校の卒業生に対する求人が多くて、その半数にも応じられないことである。また、現在の予算規模では、建物も費用も足りず、入学を希望する青年男女の半数以下しか入学を許可することができない。私たちの職業教育では、三つのことをいつも念頭においている。第一に、学生が住む南部の地域がおかれている「現在」の状況に即した教育を受けられるように

──言い換えれば、世界が求めていることをできるように──ということである。第二に、我が校から卒業するすべての学生が知性と倫理に裏付けられた十分な技術を持ち、自分と家族を支えていけるようにということである。第三に、すべての卒業生が労働は尊ぶべき美しいものであるということを感じると共にそれを理解して、世の中に出て行けるように──労働から逃避しようとせずに労働を愛することができるように──ということである。青年男性に農業訓練を施し、女性にはあらゆる通常の家政の訓練を施しているが、それに加え、今では一定の女性にも農業訓練を与えている。それは野菜栽培、果物栽培、酪農、養蜂、養鶏などの訓練である。

我が校はどの教派にも属していないが、フェルプス・ホール聖書学校として知られている部門もある。ここで、何人かの学生は特に農村地域の宣教やキリスト教活動に向けて訓練を受ける。重要なのは、これらの学生も技術を身につけ労働を愛することを学ぶために、毎日半日はどこかの部門で労働していることである。そうすると、学生は卒業してから接する人々に、さまざまな生産活動に関して模範を示すことができる。

我が校の不動産の価値は現在七〇〇万ドル以上ある。それに基本財産の一〇〇〇万ドルを付け加えると、財産の総額は一七〇〇万ドルになる。将来の建物建設費と現在の必要経費を別にしても、基本財産は少なくとも三〇〇〇万ドルに増やす必要がある。現在の年間必要経費は一五万ドルである。この必要経費の大部分は、私が毎年企業や個人を訪問して集めているものである。私たちの財産で担保になっているものはない。財産はすべて学校を運営している超教派の理事会に譲渡されている。

初め三〇名だった学生は現在一四〇〇名に増えている。学生は二七の州と準州から、アフリカ、キューバ、ポルトリコ〔現在のプエルトリコ〕、ジャマイカ、その他の海外からも来ている。学校のさまざまな部門には、一一〇名の職員と教員がいる。もし教職員の家族も含めれば、学校の敷地内の人口は常に一七〇〇名にも及ぶ。

そんなに多くの人々の集団をどのようにしてまとめるのか、また行動が乱れないようにするにはどうするのかと、よく聞かれる。これには二つの答えがある。ここに学びに来る男性も女性も真面目であるということ、それに全員がとても忙しいということである。次に掲げる学校の一日のスケジュールがこれを裏付ける。

五時起床。五時五〇分朝食予鈴。六時朝食。六時二〇分朝食終了。六時二〇分〜六時五〇分清掃。六時五〇分朝の労働。七時三〇分朝の自習。八時二〇分始業予鈴。八時二五分男子学生整列・服装検査。八時四〇分チャペルで瞑想。八時五五分「今日のお知らせ」。九時授業開始。一二時授業終了。一二時一五分昼食。一三時昼の労働。一三時三〇分授業開始。一五時三〇分授業終了。一七時作業終了。一八時夕食。一九時一〇分夕べの祈り。一九時三〇分夜の自習。二〇時四五分自習終了。二一時二〇分就寝予鈴。二一時三〇分就寝。

学校の価値は卒業生によって判断されるということを、私たちはいつも念頭においている。学校の全過程を終了した者と、終了はしていないが十分な訓練を終えた者を合わせると、少なくとも六〇〇〇人の男女がタスキーギから出て南部のさまざまな場所で現在働いている。これらの男女は模範を示すことにより、あるいは仕事そのものにより、黒人大衆に物質上、教育上、道徳上、宗教上の生活をどのように改善していくのかを教えている。それと同様に重要なのは、これらの卒業生は良識と自制の精神があるので、両人種間の関係改善につながり、南部の白人が黒人の男女を教育する価値を信じるようになってきていることである。これに加えて、ミセス・ワシントンが指導している母親学級や農園作業を通して、継続的に良い影響がもたらされている。

私たちの卒業生がどこへ行こうとも、その影響力によって、土地の購入、家庭生活向上、貯蓄、教育、道徳に関して現れる変化は著しい。これら男女の卒業生を通して地域全体が急速に変革を遂げている。

一〇年前、私はタスキーギで黒人会議（Negro Conference）を最初に組織した。これは毎年行われる会議で、今では八〇〇人から九〇〇〇人もの黒人男女の代表がこの学校に集まって行われる。参加者はここで一日を過ごし、職業上、精神上、道徳上の黒人の現状を把握し、改善のための計画を練る。タスキーギで中央大会が開かれるが、同じようなことを行う会議が多くの州や地域に波及している。これらの会議が及ぼす影響として、去年の会議に出席した一人が報告したことによれば、その地域の一〇家庭が家を購入して支払いが完結したという。毎年、黒人会議が開かれる翌日には、「教職員会議」(Workers Conference)が開かれる。これには南部の大規模な教育機関で働く職員や教師が出席する。黒人会議はこれらの教職員にとって、黒人大衆の現状を知る希少な機会となる。

一九〇〇年の夏には、私の企画に常に手を差し伸べてくれるT・トマス・フォーチュン氏[40]その他の黒人の助力もあって、私は全国黒人実業連盟(National Negro Business League)を組織した。ボストンで最初の大会が開かれたが、アメリカ中のさまざまな実業に携わる多くの黒人が一堂に初めて集うことになった。最初の大会には三〇州から出席があった。この全国大会から州や地域レベルの連盟が生まれてきた。

タスキーギ学院の行政に携わり、学校維持の資金集めを大部分受け持つことに加え、自分から申し出てはいない演説を南部白人聴衆、黒人聴衆の前で、また北部でも頻繁に行うようにとの要請があり、少なくともその一部には応じる義務から逃れることはできないらしい。このような演説にどれほどの時間を割いているかは、バッファロー(ニューヨーク州)の新聞記事切抜きが伝えている。この記事はバッファローで行われた全国教育同盟大会で私が話したときに関するものである。

世界の黒人の中で一番に挙げられる教育者ブッカー・T・ワシントンは先日西部からバッファローに着きイロコイ・ホテルに宿泊しているが、とても忙しい日程をこなした。旅行の疲れを癒す間もなく、夕食会に出席した。その後八時まで、イロコイ・ホテルの広間で会見を行った。その時間、国中から集まった二〇〇名以上の著名な教育者や教師から挨拶を受けた。八時少し過ぎてから、馬車に乗り音楽ホールへ移動した。そこで、五千名もの人々に向かって一時間半、教育について二つの感激的な演説を行った。その後、ワシントン氏はワトキンス牧師を頭とする黒人代表者に連れられ、彼の来訪を記念して開かれた小規模で非公式な黒人主催の歓迎会に急いで向かった。

演説のほかに逃れられないものとしては、人種間問題について新聞を通して国内全体と南部の関心を高める義務がある。例えば、リンチという悪習に関して意見を述べたことがある。ルイジアナ州憲法制定会議〔アメリカ各州に州憲法がある〕が開かれているとき、私は公開状を送り、黒人に対する公正な扱いを訴えた。このような努力に対して、私は南部その他国中の新聞から心からの温かい支持を得た。

暗い結論に導くような表面的で一時的な現象があるにもかかわらず、私は今ほど我が人種に関して希望が持てる時はないと感じている。最終的には美点を認めそれに報いるという人間の偉大な法則は永遠で普遍的なものである。外部の世界は、南部白人と元奴隷が人種偏見から自由になろうとして心の中で続けている闘いを知らないし理解しない。このような心の中の闘いが両人種にあるならば、外部の世界から共感と支持と忍耐を得られるはずである。

この自叙伝の終わりの言葉を書いている私は今、期せずしてヴァージニア州リッチモンドに滞在している。ほんの二、三〇年前リッチモンドは南部連合政府の首都だったし、約二五年前、貧しさのため歩道の下で私が毎晩野宿したところである。

今回私は町の黒人市民からの招待客としてリッチモンドに滞在している。昨晩は町で一番大きく素晴らしい音楽ホールであるアカデミー・オブ・ミュージックで両人種のために演説をするよう依頼されていた。黒人がこのホールを使うことを許されたのは今回がはじめてのことである。私が着く前の日に、市議会は私の演説を聴くために全議員が出席することを決議した。州議会も上院下院ともに、全会一致で演説会に出席することを決議した。何百名もの黒人、多くの著名な白人、市議会議員、州議会議員、州の公職者を前に、私は希望と喜びのメッセージを伝えた。私が生まれた州への帰郷を歓迎してくれた両方の人種に、心からの感謝を伝えた。

訳者注

（1）キリスト教系週刊誌 *Outlook* に連載された。
（2）ワシントンの誕生は一八五六年であったことが、現在の定説となっている。
（3）William Lloyd Garrison（1805-1879）週刊誌 *The Liberator* の編集者で、彼が中心となりアメリカ奴隷制反対協会（一八三三年）が設立された。
（4）Elijah P. Lovejoy（1802-1837）ジャーナリストで、奴隷制反対の新聞を発行しようとする中、イリノイ州オールトンで暴徒に襲われ殺害された。
（5）Samuel Chapman Armstrong（1839-1893）ハワイで宣教師の家庭に生まれたが、南北戦争の時、北軍に入隊し少佐に昇進した後、黒人部隊を率いることを志願した。将軍の地位まで上り、戦後黒人の教育のためヴァージニア州にハンプトン学院を創設した。
（6）南北戦争終結（一八七五年）から、南部諸州から連邦軍（北軍）が撤退した（一八七七年）までの時期。
（7）Blanche Kelso Bruce（1841-1898）一八七五年から一八八一年までミシシッピー州選出の合衆国上院議員を務めた。
（8）Pinkney Benton Stewart Pinchback（1837-1907）ルイジアナ州知事（一八七二－一八七三年）及び副知事（一八七一－一八七三年）を務めた。

（9）Rufus B. Bullock（1834-1907）　一八六八年から一八七一年までジョージア州知事を務めた。
（10）ワシントンはワシントンDCのウエイランド神学校（バプテスト系）で学んだ。
（11）Frederick Douglass（1818-1895）　奴隷として生まれたが北部への逃亡により自由の身となり、奴隷制反対の演説家、編集者、著作家として活躍した。彼の複数の自伝が邦訳されている。
（12）旧約聖書「出エジプト記」５章４節－19節参照。
（13）新約聖書「コリント信徒への手紙一」９章27節参照。
（14）Andrew Carnegie（1835-1919）　大富豪の実業家、慈善家。
（15）Jabez Lamar Monroe Curry（1825-1903）　アラバマ州出身の連邦下院議員で南部の教育に尽くした。
（16）Morris・K・Jesup（1830-1903）　銀行家、慈善家。
（17）シェイクスピアの『ヴェニスの商人』第４幕第１場（松岡和子訳、ちくま文庫）。
（18）奴隷制廃止派の詩人ジョン・グリーンリーフ・ホイッティアの詩集『ポートロイヤルにて』の中の「ニグロの船乗り」の歌詞。
（19）Thomas Nelson Page（1853-1922）　南部を舞台とした小説を書いた人気作家。
（20）旧約聖書「ヨナ書」４章６節－10節参照。
（21）「祖父条項」を指すと思われる。合衆国憲法において、南北戦争後一八七〇年に人種の区別なく投票の平等を保障する憲法修正が成立したが（第15修正条項）、一八九〇年代に南部の諸州で黒人の投票権を阻止するために州法に盛り込んだ「祖父条項」は、南北戦争以前に先祖が選挙権を得ていた白人の子孫は、識字能力や財産所有の有無にかかわらず投票権があるとする条項である。他方黒人に対してはそれらの条件を満たさない者には投票権を与えないとした。
（22）古代イスラエルの民族的・宗教的指導者。イスラエル人がエジプトで奴隷状態であった時、エジプトからイスラエル民族を脱出させた（旧約聖書「出エジプト記」参照）。
（23）Henry Woodfin Grady（1850-1889）　ジョージア州のジャーナリスト。一八八六年一二月にニューイングランドクラブで行った演説「新しい南部」で、南部の革新を宣言した。
（24）イギリスの清教徒革命進行当時の状況（絶対王政を主張する王党派と立憲王政を主張する議会派が対立）に自分を重ねた発言。
（25）William Ewart Gladstone（1809-1898） 一八六八－一八七四年、一八八〇－一八八五年、一八八六年、一八九二－一八九四年と、四度にわたり英国の首相を務めた。
（26）Robert Gould Shaw（1837-1863） 黒人で構成されるマサチューセッツ州第五四志願兵連隊の白人大佐で、サウスキャロライナ州チャールストンのワグナー要塞で戦死した。
（27）Ozora Pierson Stearns（1831-1896） 北軍に黒人連隊を作ることを当時のアンドリュー州知事に働きかけ、黒人兵士の待遇を白人と同等にするためにも尽くした。
（28）John Albion Andrew（1818-1867） 黒人だけの連隊を北軍に組織することを決定した。
（29）Crispus Attucks（1750?-1770） アメリカ独立戦争の前触れであるボストン虐殺事件でイギリス人兵士によって銃殺された。
（30）解放奴隷も奴隷の身分だった者も、ミシシッピー川の東岸に迫るイギリス軍を防ぐために、西岸に胸壁を泥まみれになって築いた。
（31）William Lawrence（1850-1941） マサチューセッツ州エピスコパル教会の主教。
（32）Paul Laurence Dunbar（1872-1906） 当時もっとも人気のあったアフリカ系アメリカ人詩人。
（33）William Edward Burghardt Du Bois（1868-1963） マサチューセッツ生まれのアフリカ系アメリカ人で、ハーヴァード大学から学位を得た後、アトランタ大学の教授を務めた。ここで述べられているようにワシントンと協力的な時代もあったが、この出来事の後（一九〇三年）に『黒人の魂』を出版し、黒人の地位向上に関してワシントンの方策と異なる考えを述べて、両者は対立するようになった。
（34）Henry Ossawa Tanner（1859-1937） 主にフランスで活躍したアフリカ系アメリカ人画家。聖書を主題とした作品も多い。

（35）John Greenleaf Whittier（1807-1892）　注18参照。アメリカの詩人で奴隷制廃止派の編集者。

（36）注3参照。

（37）Susan Brownell Anthony（1820-1906）　奴隷制反対運動と女性人権問題運動の活動家。

（38）人種問題解決のためにアフリカに黒人を移住させようという運動があり、一八二二年ころから自由意思でリベリアへの移住が始まっていた。リベリアはアメリカの植民地として始まったが、一八四七年にアメリカから独立した。

（39）John Davison Rockefeller（1839-1937）　実業家・慈善家。スタンダード石油会社の創業者。

（40）Timothy Thomas Fortune（1856-1928）　演説家、公民権運動家、ジャーナリスト。アフリカ系アメリカ人の指導的週刊新聞 *The New York Age* の社長で編集者。

解説（大森一輝）

お読みいただいたものは（あるいは、これからお読みいただくのは）、一九世紀末から二〇世紀初頭にかけてアメリカ合衆国でもっとも有名な黒人であったブッカー・T・ワシントンの一九〇〇年までの軌跡（として本人が提示したもの）です。

この解説では、まず本書出版以降のことを確認し、ワシントンに対する評価の変遷をたどったうえで、黒人「保守派」の元祖と目される彼の思想をめぐる錯綜した議論を整理して、今この本を読むことの意味を考えます。

その後のBTワシントン

拳を振り上げて政治的・社会的平等を求めるのではなく、骨身を惜しまず学び働くことで隣人の信頼を勝ち得ていくべきだ、権利はその後についてくる、という彼の主張は、穏やかな変化という名の現状維持を求める白人有力者から熱烈に支持され、ワシントンこそが模範的な黒人指導者だとみなされるようになりました。黒人たちからも文字通り立志伝中の人物として仰ぎ見られ、まさに模範＝ロールモデルとされます。そのことは、当時、毎年何百人もの黒人の子どもたちが「ブッカー・T」と名付けられ、多くの黒人家庭に彼の写真が飾られ、彼の名を冠した小中高校が全米各地に作られ存続していることからも明らかです。

他方、北部で高等教育を受けた黒人たちは、ワシントンの態度を、節を曲げた妥協であり、当然の権利を自ら放棄する敗北主義だとして反発しました。その急先鋒となったのが、ハーヴァード大学で学士号・修士号を取得した二人の黒人、W・E・B・デュボイスとウィリアム・モンロー・トロッターです。ドイツ留学を経て黒人として初めてハーヴァードから博士号を授与されたデュボイスは、一九〇三年に出版した『黒人のたましい』において、一章を「人として、アメリカ市民として、黒人が当然要求すべきことを取り下げさせようとする」ワシントンへの論難に費やし、「南北の融和が、産業における奴隷制（の事実上の復活）や黒人の市民としての存在の全否定のような兆候を示すようになり、……法律によって劣等な立場が固定されてしまうのなら……黒人は、愛国心と忠誠心の限りを尽くして」ワシントンに反対しなければならない、なぜなら「子どもたち――黒人であろうが白人であろうが――に不可避的に惨禍をもたらす種が蒔かれるのを見過ごす」わけにはいかないからだ、と述べたのです。(1) トロッターに至っては、自分が編集・発行する週刊紙『ガーディアン』で、屈従を説く（と彼には見えた）ワシントンを繰り返し嘲り、いかに自分のものとはいえ新聞という公器で、黒人はいくら真面目に働いたところで奴隷のままだった、奴隷解放をもたらしたのは白人・黒人の奴隷制廃止論者の言論の力だったのに、そのおかげで自分も自由人になれたのに、差別撤廃のための議論を封じ込めようとするとは、「愚か者」だ、と罵ったのでした。(2)

このように知識人からの批判はあったものの、世間的には地位を確固たるものにしたワシントンは、複雑な行動を取るようになります。南部では、金と職を差配することで黒人社会での自分の威信を高めつつ、北部で自分に敵対する地域や組織にはスパイを送り込み、黒人新聞等のメディアも操作して自分の威光と意向を維持しようとしました。その一方で、水面下では、人種差別と闘う人や団体を支援したりもしていたのですが、そのことは決して公にはしませんでした。

表立って体制批判をしなかったワシントンが何としてでも守ろうとしていたのは、集団としての黒人の評判と生活だったと言えるでしょう。南部は、個々の黒人が、白人と何ら変わりのないアメリカ人として自力で勝ち上がっていくには、あまりに過酷な環境であり、北部での扇動は、彼の愛するタスキーギを、そして南部黒人全体を、危険に晒しかねないものだとしか彼には思えなかった。だからこそ、秘密裏に行っていた資金援助も、黒人には納税や読み書き能力を投票の条件としつつ白人には無条件で投票させる「祖父条項」違憲訴訟など、あからさまに人種別の理不尽な扱いに対する闘いを主な対象にしていました。仮に露見しても、本文中（第14章最後）にもある「どの州であろうと、無知で貧しい白人には投票を許し、同じ条件の黒人に投票を許さないような法律を作るべきではない」「どのような資格審査があるにしても、両人種に公平に平等に適用されなければならない」という年来の主張と齟齬をきたさず、むしろ、自分はアメリカの健全性を信じているのだ、と言えるからです。

しかし、黒人とアメリカの進歩に期待するだけでは、いつまで経っても身の安全を確保することすらできませんでした（ワシントン自身も、一九一一年にニューヨークで不審者として白人男性に殴打され、被害者でありながら警察に連行されます）。どれだけ訴えれば、いつまで待てば、自分たちは「アメリカ人」になれるのか、その答えを示さない（示せない）まま、次第に反差別の旗幟を鮮明にしつつあったワシントンは、一九一五年一一月、ニューヨークで倒れた後、本人の強い希望でタスキーギに搬送され、五九歳で帰らぬ人となりました。

アメリカ黒人史研究におけるBTワシントン

その死を悼む声が全国から寄せられたのとは対照的に、死してなお非難の声は止みませんでした。デュボイスは、自身が編集長を務める全国黒人向上協会の機関誌『クライシス』のワシントン逝去直後の号において、「厳しいかもしれないが公正に見れば、この人物にこそ、黒人の選挙権剥奪の完成、黒人用の大学や公立学校の衰退、肌の色によるカースト制度の厳格化、これらがわが国で起こったことの責任があると言わざるを得ない」と、追悼記事であるにもかかわらず、生涯を黒人の実業教育にささげたタスキーギ学院長を断罪したのです[3]。人種差別への順応を唱え、手に職をつけ僅かな財産を築くことだけを奨励し、権利の平等を求める闘いを抑えた「保守的」な人物として彼を描くこのような見方は、学問の世界では、時代を経るにつれて、むしろ強くなります。

アメリカ南部史の大家C・ヴァン・ウッドワードも同様の見解を踏襲し、ワシントンを、南部白人のみならず北部資本家の走狗であり、自由市場を信奉し不利な立場にいる黒人に初期条件を補正しないまま古いタイプの技能で競争を強いる（善意だとしても）非現実的な指導者だとみなしました。[4] 一九六〇年代に刊行され九〇年代まで版を重ねた代表的なアメリカ黒人史の概説書の一つは、ワシントンを次のように論評しています。「黒人が従属的な位置にいることを（ワシントンが）明らかに黙認していたことは否定できなかった。彼は、白人の観点から物を見ていたのである。[5]」黒人思想史研究のパイオニアであるオーガスト・マイヤーや、ワシントンの残した膨大な量の手紙その他の文書の編纂に自ら携わり（一四巻本として出版されました）それを基に二巻に及ぶ浩瀚な伝記を著したルイス・ハーランのように、民衆に寄り添いつつ可能な範囲で差別と闘う現実主義者としての側面にも目を向ける研究も現れましたが、[6] 結局のところ、白人に取り入って黒人社会を陰で操った権力者であり、効き目の怪しい処方箋を示し（結果的にではあれ）黒人同胞を白人に売り渡した裏切り者、失敗した黒人指導者だったというイメージは、（黒人の暮らしぶりが大きく上向くこともなく、日常生活でも屈辱を味わわされ、依然として投票には行けず、リンチと呼ばれる無法で残虐な殺人が横行し続けたこともあって）長く続きます。

その見直しを迫ったのが、二〇〇九年にハーヴァード大学出版局から刊行されたロバート・ノレルの『歴史より身を起こして――ブッカー・T・ワシントンの人生』という評伝です。[7] ノレルは、黒人に職業教育を施すことで人種全体を経済的に向上させるという主張は、当時の南部においては極めて斬新であり、危険を伴うのでありながらもうまく攻撃をかわすことで、ワシントンは黒人民衆に（現実の政治経済状況の劇的な改善は無理でも）希望を与えたとする

（その点を強調する）解釈を打ち出したのです。ノレルを引き継ぐような議論も現れています。政治思想（史）を専門とするマイケル・リチャーズは、二〇一九年の論考において、黒人が白人と対等なメンバーとして政治社会に参画するという共和主義的な理想を掲げ、黒人が立派な市民になれるという可能性と実例を示すことで改革を促した思想家としてワシントンを捉え直し、「ラディカル」な活動家とも敵対したのではなく彼なりのやり方で共に（そして、したたかに）闘った実務家として、黒人解放思想史・運動史の中にワシントンを正当に位置づけることを提唱しています。(8)

しかし、このようなワシントンの再評価は、容易に予想されるように、黒人「保守派」と呼ばれる人たちに政治利用されてしまいます。保守系の論壇誌『ナショナル・レビュー』に掲載された書評は、ノレルが描くワシントン像を手放しで称賛し、実際の言動はワシントンそっくりなくせに大きな政府に国民を依存させようとする（と保守派には見える）当時の大統領バラク・オバマを批判しつつ（オバマも、ワシントンと同じように、対立を避け、白人を宥め、黒人の責任と希望を語った、という指摘は興味深いのですが、ここでは立ち入りません）、個人の自助努力を唱道したワシントンを誰もが見習うべきだと、「保守的」な価値観を彼に投影するのです。(9)

BTワシントンはどのように「保守的」なのか

ワシントンは、本当に、彼を褒めそやす黒人「保守派」と同じような意味で「保守的」なのでしょうか？　確かに、現状の（急激な）変革を求めない、という意味では、「保守的」なのかもしれませんが、現代の「保守派」の特徴は、それ（だけ）ではなく、個人が政府に頼らず自力で成功を収めるべき、裏を返せば、失敗はすべて本人の能力・努力の不足という、冷酷な自己責任論にあります。

彼らとワシントンには、多くの相違点があります。ワシントンは、自分一人ではうまく学べず職を得られない黒人を見捨てたりしませんでした。そもそも、彼ら彼女らを助けるためにタスキーギ学院を作り、それをできるだけ拡大しようとしたのですから。そういう意味では、彼は「自助」を唱えたのではなく、「共助」を呼びかけたと言うべきでしょう。また、彼は、政治的な権利の回復を最優先とはしませんでしたが、政治力を行使しなかったわけではありません。大統領との個人的なパイプを活用して、（その選択が私情によって左右されることもあったとはいえ）かなりの数の黒人を政治任用職に就けていたのですから。この意味では、彼は、政府を頼らなかったのではなく、むしろ非公式に政府の支援を獲得していたのです。

さらに言えば、ワシントンを批判していた黒人知識人も、アメリカ社会の根本的な変革を求めなかった、という意味では、「保守的」でした。トロッターなどは、アメリカ的な自由競争を前提に人種という概念の存在しない世界を目指していましたし、デュボイスも、パン・アフリカニズムを経て最終的には共産主義者になりますが、少なくとも二〇世紀初頭の時点では、「アメリカ人」としての完全な権利とその行使を保障せよと声を大にしていたわけですから。しかも、個人主義という点では、トロッターや（初期）デュボイスのほうが現代の黒人

「保守派」に近いとも言えます。(10)

確かに、ワシントンも、泣き言を並べずに倦まず弛まず努力せよ、と黒人民衆に対して繰り返し説きました。その努力は必ず報われると確言して。しかし、彼は、それが空約束にならないよう、自らも皆にとって最善と思われる努力をしたのです。リベラルあるいは「ラディカル」な黒人が、権利を回復した後は自分で実力を示して地位を上昇させるべきだと考え、黒人が団結する「共助」など必要のない、個人の「自助」だけでやっていける世の中にしようとした（その必然的な帰結として、自分が「黒人」と見られること自体を嫌った）のとは違って。ましてや、黒人であっても、負け犬は自分を責める外なく、他人を頼るべきではない（とりわけ、被害者の立場に安住して政府による過剰な保護＝「公助」を求めるべきではない）という、現代の黒人「保守派」の信条とも、ワシントンの言動は大きく異なります。

以上のことを図示すると、次ページのようになります。

ただし、これはワシントンが「保守的」ではなかった、ということを意味しません。彼は、黒人だけが不当に権利を制限されていることを誰よりもよく知っていながら、その撤回を政治課題としなかったのですから、十分に「保守的」でした。しかも、タスキーギ学院の卒業生のほとんどは堅実な生活をしていましたが、それを目の当たりにしても南部白人は「人種秩序」にしがみつき、黒人から奪った権利を返して対等な仲間とみなすこともなかったわけですから、その保守主義は戦略としても失敗したのです。付言すれば、この図は、アメリカ民主主義と自由主義経済の正当性を疑わないことが（つまり、必要なのはアメリカの継続あるいは完成であ

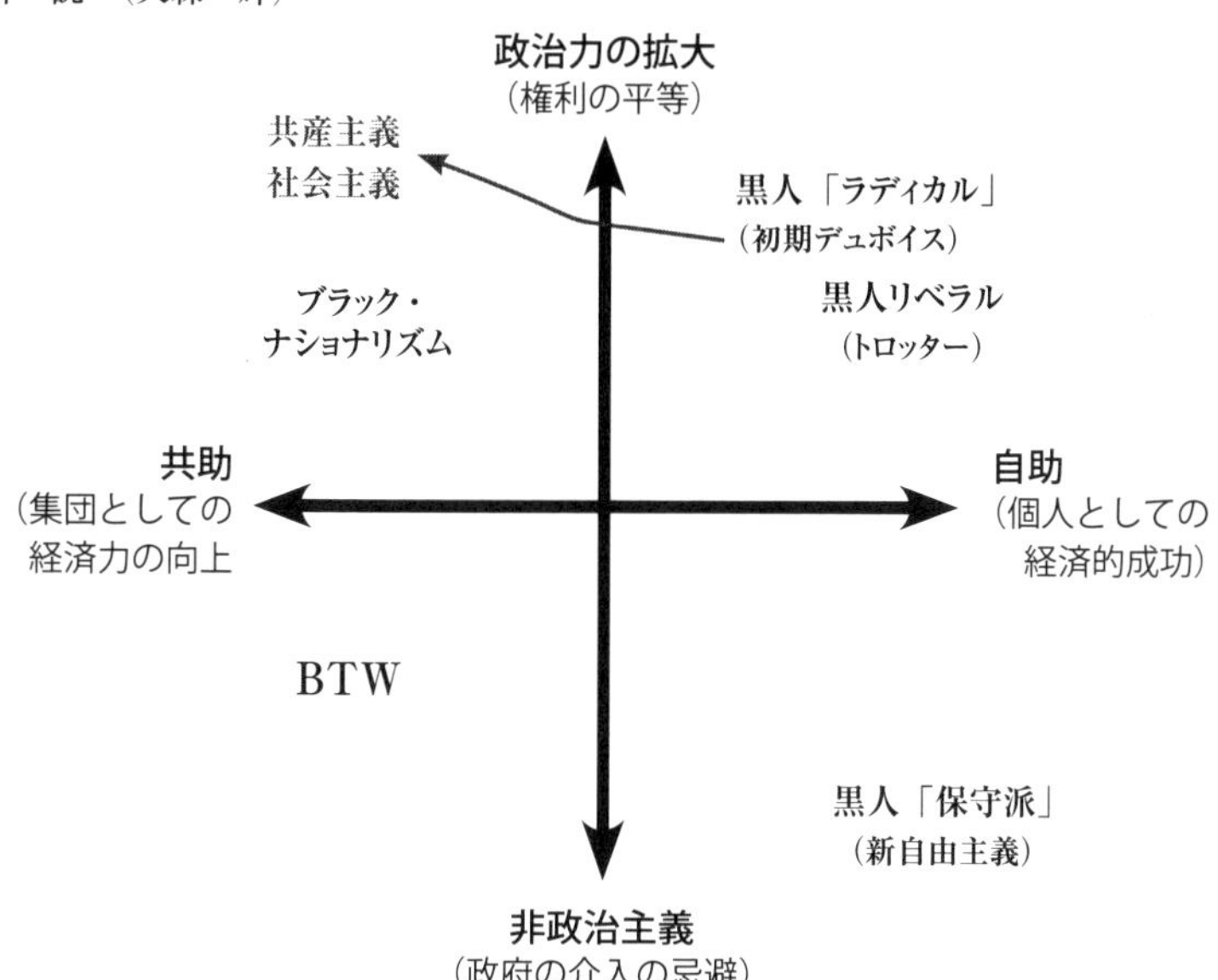

って、変革ではないことが）前提になっています。そういう意味では、この面にいる人たちは全員「保守的」です。この弱肉強食の格差社会（とその中の避難所としての黒人コミュニティ）の裏側にあるかもしれない、誰もが生活を保障され、違いを認め尊重し合う、なおかつ、デュボイスその他の黒人知識人が惹かれた既存の社会主義・共産主義とも偏狭なブラック・ナショナリズムとも違う、別の世界の可能性を追求しようとしなかった／できなかったという意味でも、[11]ワシントンは（思索ではなく行動を旨とする人だったとはいえ）「保守的」だったと言わざるを得ません。

BTワシントンの遺産

ここまでお読みになれば、ワシントンが、非の打ちどころのない偉大な指導者だったわけでも、かと言って、権力の亡者として白人至上主義者の手先に堕したダーク・ヒーローだったわけでもないことは、わかっていただけたと思います。そして、被害者を責めるような態度の黒人「保守派」が、彼を自分たちの思想の先駆者としてヒーローに祭り上げるのは、誤解あるいは意図的な曲解だということも。

それをふまえたうえで、本書をどのように読むかは、もちろん、読者のみなさんに委ねられています。最後に、蛇足を承知のうえで、いくつかのことを指摘しておきたいと思います。

まず、ワシントンは、白人を不必要に刺激しないことに心を砕きつつこの本を書いた（実際はゴーストライターに書かせた）ことは心に留めておいていただきたいと思います。彼が、最初の章で、奴隷制を批判しながらも、それは学校のような機能も果たした、奴隷は奴隷主とその家族を慕っていたし、その後も黒人は白人を一切恨んでいない、と強調したのも、人種隔離を容認するかのように聞こえることを言ったのも、奴隷制や差別を免罪するためではなく、白人との対話のチャンネルを閉ざさないためだったのです。

次に留意すべきなのは、当時の南部黒人（のほとんどと言ってもいいかもしれません）は、ワシントンがここで語っている（白人との共存への期待はさまざまであったとしても）自立・自律への望みを共有していた、ということです。[12] 彼ら彼女らは、自分の足で立ち、自分で生活を律したいと強く願っていました。ワシントンが、どれだけ「民衆と共にあり」、彼らを「指導」できていたのかについては、議論が分かれています。(13)彼の処方箋は、当然ではありますが、すべての人を救うことはできなかった。それでも、彼の事業は、実際に多くの黒人（タスキーギ学院で学んだ人だけでなく、タスキーギの卒業生に教わった子どもたちや一緒に働いた人々）を救い、彼の人生は、簡単には叶えられなくても、さらに多くの黒人のお手本になりました。

しかしながら、この処方箋は、差別と貧困に囚われ、希望を潰されかかっていた人たちにとっても福音になったのでしょうか？　毎日聖書を読み、それをインスピレーションの源とし、信仰を自分の活動の中で実践しようとしていた（だが特定の教派には属さず独立を貫いた）ワシントンの言葉が、人種主義的な社会を直接的に変える力にはならなかったとしても、人種主義的な社会を変えたいと思う人々を励ますことはできたのか。

この問いに、実証を重んじる歴史学の立場から答えることは困難です。思いを文字に残さなかった人々については、それを推し量り汲み取るしかありません。

本書は、虐げられた人々にとって、希望の光だったのか、虚しい慰めにすぎなかったのか。いまだに偏見に塗れた警官にいきなり殺されるかもしれないというリアルな恐怖に晒されている二一世紀の黒人たちに、ワシントンの立身出世物語はどのように響くのか。現代の日本でも、ここに、刻苦勉励による成功という通俗的な教訓を越えた救いを見出すことができるのか。みなさんは、どのようにお感じになるでしょうか？

註

（1）W. E. Burghardt Du Bois, *The Souls of Black Folk*, Second Edition (Chicago: A. C. McClirg & Co., 1903), 50, 55-56. 木島始・鮫島重俊・黄寅秀訳『黒人のたましい』（岩波文庫、一九九二年）、74、80－81頁（訳文は変更しました）。

（2）*Guardian*, 9 November 1901, 20 December 1902, 4 April 1903.

（3）"The Late Booker T. Washington," *Crisis*, Vol. 11, No. 2 (December 1915), 82.

（4）C. Vann Woodward, *Origins of the New South*, 1877-1913 (Baton Rouge: Louisiana State University Press, 1971), Chap. XIII.

（5）Benjamin Quarles, *The Negro in the Making of America*, Second Revised Edition (New York: Collier Books, 1987), 171-172. 明石紀雄・岩本裕子・落合明子訳『アメリカ黒人の歴史』（明石書店、一九九四年）、215頁。

（6）August Meier, "Toward a Reinterpretation of Booker T. Washington," *Journal of Southern History* 23 (May 1957), 220-227; Louis R. Harlan, *Booker T. Washington: The Making of a Black Leader*, 1856-1901 (New York: Oxford University Press, 1972); idem, *Booker T. Washington: The Wizard Of Tuskegee*, 1901-1915 (New York: Oxford University Press, 1983).

（7）Robert J. Norrell, *Up from History: The Life of Booker T. Washington* (Cambridge, MA: Harvard University Press, 2009).

（8）Michael A. Richards, "Pathos, Poverty, and Politics: Booker T. Washington's Radically Reimagined American Civilization," *Polity* 51 (October 2019), 749-779.

（9）David T. Beito & Jonathan Bean, "A Strong Foundation," *National Review* (March 23, 2009), 37-40. ワシントンの歴史的評価の変転、その詳細については、次のレビュー論文を参照してください。Joshua

Thomas Zeringue, "Booker T. Washington and the Historians: How Changing Views on Race Relations, Economics, and Education Shaped Washington Historiography, 1915-2010," MA Thesis, Louisiana State University, 2015. https://repository.lsu.edu/gradschool_theses/1154

（10）この点（特にトロッターと黒人「保守派」の親和性）については、次のものの第五章・第六章を参照してください。大森一輝『アフリカ系アメリカ人という困難――奴隷解放後の黒人知識人と「人種」』（彩流社、二〇一四年）。

（11）この難問は、公民権運動期にも引き継がれます（そして今を生きる私たちの課題でもあります）。マーティン・ルーサー・キング・ジュニアは、ワシントンの方針について、「あまりにも自由のない現状とあまりにも希望のない将来」しか提示できなかった、と言っていますが、返す刀で、デュボイスの戦術も「すべての人びと」を視野に入れていたわけではない「貴族的なエリート」のやり方だったと批判しました。ただし、キングは、デクスター街バプテスト教会で自分の先任の牧師であったヴァーノン・ジョーンズが、ワシントンに賛同して「共助」（具体的には、農業から販売まで行う協同組合活動）を実践していたことを、好意的に紹介しています。さらに、最後の著作では、ワシントンの方法を否定するのではなく、自分はその不十分さを補っているのだとして、次のように説明します。「私は、彼（ワシントン）が、平穏を維持しようとして妥協した卑屈な黒人であったという見方を採りません。ワシントンの誤りは、構造的な悪の力の強さを過小に見積もっていたことであって、説得と実例だけでは白人を変えることができないのなら、「白人の良心に訴えるときにはいつでも、それと同時に非暴力の圧力を行使しなければならないのです。」キングも、人種主義が組み込まれてしまった「アメリカ」を、どこに向かって・どのように乗り越えるべきなのかを、差別との長い闘いの歴史をふまえて、模索していたのでしょう。Martin Luther King, Jr., *Why We Can't Wait* (New York: Harper & Row, 1964), 33. 中島和子・古川博巳訳『黒人はなぜ待てないか［新装版］』（みすず書房、二〇〇〇年）、32頁（訳文は変更しました）。King, ***Stride Toward Freedom:***

The Montgomery Story (New York: Harper & Row, 1958), 38. 雪山慶正訳『自由への大いなる歩み——非暴力で闘った黒人たち』（岩波新書、一九五九年）、34頁。Martin Luther King, Jr., *Where Do We Go from Here: Chaos or Community?* (New Yor: Harper & Row, 1967), 129. 猿谷要訳『黒人の進む道——世界は一つの屋根のもとに』（明石書店、一九九九年）、138頁（訳文は変更しました）。

（12）Steven Hahn, "The Race Man," *New Republic* (November 4, 2009), 50-55.

（13）Pero Gaglo Dagbovie, "'Shadow vs. Substance': Deconstructing Booker T. Washington," in Dagbovie, *African American History Reconsidered* (Urbana: University of Illinois Press, 2010), Chap. 5.

（おおもり・かずてる　北海学園大学教授）

略年譜

年	ブッカー・T・ワシントン関連	アメリカの人種関連
一八五六	四月五日ヴァージニア州のフランクリン郡（現在はウエストヴァージニア州に位置する）に生まれる	黒人が経営する黒人のためのウィルバーフォース大学が設立される
一八六〇		リンカンの大統領当選
一八六一		南北戦争始勃発
一八六三		奴隷解放宣言
一八六四		リンカンの再選
一八六五	母、兄、妹と共にウエストヴァージニア州モールデンに移住	南北戦争の終結 リンカン暗殺される 合衆国憲法修正第13条（奴隷制廃止）
一八六六		解放民局の設立（解放された黒人援助のため）
一八六七	岩塩鉱・炭鉱会社の社長夫人ヴァイオラ・ラフナーの下男となる	

年	事項	社会情勢
一八六七		南部再建法成立
一八六八		合衆国憲法修正第14条（黒人に公民権付与） ハンプトン師範・農業学院の設立
一八七〇		合衆国憲法修正第15条（黒人に選挙権付与） 黒人が連邦上院議員に初当選
一八七二～一八七五	ハンプトン師範・農業学院に入学し、優等生として卒業	
一八七四	母親の死	
一八七五		公共施設や公共交通機関での人種差別を禁止する連邦公民権法が成立
一八七五～一八七七	ウエストヴァージニア州モールデンで学校の教師を務める	
一八七七		南部の戦後再建期の終焉（南北戦争後、南部再建のため駐留していた連邦軍が撤退）
一八七八～一八七九	ワシントンDCのウエイランド神学校（バプテスト系）に在籍	
一八七九～一八八一	ハンプトン学院で教える	
一八八一	七月四日、アラバマ州タスキーギにタスキーギ師範・職業訓練学院を創設	

一八八二	北部で最初の資金集めキャンペーン旅行 ファニー・ノートン・スミスと結婚	
一八八三	娘ポーシャ・マーシャル・ワシントンの誕生	連邦最高裁、人種差別を禁じた一八七五年の連邦公民権法に対して違憲判決を下す
一八八四	妻ファニーの死 ハンプトン学院のアームストロング院長とタスキーギ学院のために北部各州で資金集めキャンペーン	
一八八五	オリヴィア・A・デイヴィッドソンと結婚	
一八八七	息子ブッカー・トリヴァ・ワシントン・ジュニアの誕生	
一八八九	息子アーネスト・デイヴィッドソン・ワシントンの誕生 妻オリヴィアの死	
一八九一	タスキーギで農業従事者・労働者会議を組織 ウエストヴァージニア黒人学院（現州立大学）創設に寄与	
一八九二	マーガレット・ジェイムズ・マレイと結婚	この頃からリンチ事件多数発生
一八九五	ジョージア州アトランタで開催された綿生産州国際博覧会の開会式で演説。	アイダ・ウエルズが *The Red Record* を出版（リンチ事件の記録）

一八九六	ハーヴァード大学で名誉修士号を授与される 妻マーガレット、全米黒人女性クラブ連合会の結成に尽力する	鉄道車両での人種分離の合憲性が争われたプレッシー事件の判決で最高裁が「分離すれど平等」を決定
一八九八	ルイジアナ州憲法制定会議に公開書簡を送り黒人の選挙権剥奪に抗議 ウイリアム・マッキンリー大統領がタスキーギ学院を訪問	ルイジアナ州で祖父条項（南部の白人に優先的に選挙権を与える黒人に不利な法律）を採用 米西戦争
一八九九	ヨーロッパ旅行	
一九〇〇	全国黒人実業連盟の設立 *My Life and Work* を出版	
一九〇〇〜一九〇一	ルイジアナ州法の祖父条項が合衆国憲法違反だと提訴するため調査会を組織	
一九〇一	*Up from Slavery*（本書『奴隷より身を起こして』）を出版 セオドア・ローズヴェルト大統領とホワイト・ハウスで夕食をとり、南部の政治状況について話し合う	
	ダートマス大学より名誉博士号を授与される	
一九〇二	教職員のために「グリーンウッド」と呼ばれる居住地を学院の隣接地に設立	

略年譜

一九〇三	ヨーロッパ旅行 学院のキャンパスまでタスキーギ鉄道の支線を引く契約	デュボイス、*Souls of Black Folk*（『黒人のたましい』）を出版（ワシントンの哲学と方式を批判）
一九〇五	ローズヴェルト大統領、タスキーギ学院を訪問	黒人の公民権を求めるナイアガラ運動が始まる（デュボイスの呼びかけ）
一九〇六	タスキーギ学院創立二五周年記念式 アンドルー・カーネギー、六〇万ドルを寄付	人種間暴動が各地で発生
一九〇七	*Life of Frederick Douglass* を出版 黒人農村学校基金の設立を支援	
一九〇八		イリノイ州のスプリングフィールドで大規模な暴動
一九〇九		全国黒人向上協会の創設（デュボイスの呼びかけ）
一九一〇	ローズヴェルト大統領、タスキーギ学院の理事に就任 ヨーロッパ旅行（貧困層を視察）	
一九一一	*My Larger Education* を出版 ニューヨークで白人に襲われる	
一九一二	*The Man farthest Down* を出版（英国の貧困層の現状を記す）	

一九一三	連邦政府庁舎内での人種隔離政策に関してウッドロー・ウィルソン大統領に遺憾の意を伝えた ジュリアス・ローゼンウォルドの寄付によりアラバマ州ノスタルガに黒人学校を建設、それ以降ローゼンウォルド基金の支援で南部各地に五千校以上が開校した
一九一四	全国黒人健康推進週間を始める
一九一五	一一月一四日、アラバマ州タスキーギで死去

（訳者作成）

訳者あとがき

本書は私の夫である佐柳文男（二〇〇二年三月逝去）との共訳である。全編を私が初めに翻訳し、それに文男が手を入れた。本書がどのような経緯で出版されるにいたったかを述べてみよう。

二〇〇九年にバラク・オバマが大統領に選ばれ、初の黒人大統領がアメリカに実現した。文男と私は新しい時代の出現に興奮し、よく話題にしていた。そのようなある日、文男から古い一冊の本を渡された。それが *Up from Slavery*（Bantam books, 1959）だった。本の扉に文男のサインがあり、Oct. 14, 1980, Chiang Mai と自筆で記されている（当時文男はタイ国のチェンマイにあるパヤップ大学神学部に日本基督教団から宣教師として派遣されており、家族と共に赴任していた）。チェンマイの古本屋でバンタム・ブックスのペーパーバック版を手にいれたのだと思う。私に見せてくれた二〇〇九年当時、すでにその本は紙が劣化して黄色くなっていた。私はすぐに読み始め、とても感銘を受けた。調べてみると邦訳が出版されてはいるが、すでに絶版になっていることが分かった。それで、本書を日本の一般人が読めるようにと、翻訳を思い立った。

翻訳作業を進めるうち、バンタム版はボロボロになって読みにくくなったので、新しく出版されたばかりのオクスフォード大学出版会版（二〇〇八年）を買い求めた。これにはウィリアム・L・アンドリューズによる解説、註、年表も掲載されており、本文理解に大変役立った。

文男による私の訳文見直し作業が終わり、出版社を探す段階になったが、当時文男は次々と依頼がくるキリスト教関連書物の翻訳に忙殺されていて、出版社探しは後回しにされていた。いよいよ始めようかという時点で、文男の健康状態が悪化して入院という事態になり、出版社探しは延期された。彼の入院中に私は本書を文男と私の共訳として出版する意図を確かめ、承諾を得た。

およそ八か月の入院生活の後、文男は天に旅立った。その後の事務的手続きが終わって一段落した時に、私は本書のことを思い出した。そこで文男の翻訳によるC・S・ルイス著『四つの愛』を出版した新教出版社の小林望社長に、本書の訳文全体を添付して出版の可否をお尋ねし、難しければどこか出版社を紹介していただけないかとメールで問い合わせた。小林社長は折り返し自社で出版すると即答してくださった。出版界の現状が厳しい中、持ち込み原稿の出版はなかなか引き受けないのを知っていた私は思いがけないお返事に驚いた。

小林社長のお取り計らいで、大森一輝教授が解説を引き受けてくださった。大森教授には訳文や歴史的事実に関して多くのアドバイスもいただき、心から感謝申し上げる。

小林社長の英断と適切なアドバイスに心から感謝申し上げる。編集作業に当たってくださった編集部の皆さまにも心から御礼申し上げる。

本書がアメリカの人種問題、人間の心にある偏見と差別意識、教育の重要性などについて、日本の読者の理解を深めるものとなれば幸いである。

二〇二四年一月

佐柳光代